U0858433

序

《快乐青少年》是快乐人生思想的启蒙读物，适合广大青少年和家长阅读。该书不仅是播种快乐人生思想，更重要的是帮助青少年快乐学习和顺利度过青春期，飞翔青春梦想，促进青少年健康成长，并为青少年未来事业发展和人生幸福奠定良好的思想基础。

尼采说：“人生是一场苦难。”但我要大声说：“人生是快乐的盛宴。”

人生究竟是苦多乐少，还是苦少乐多？这取决于我们的思想。当我们用快乐思想看待人生和世界，就会惊奇地发现并由衷地感叹：生活多么美好！

有这么一个小故事：有一个小孩背对太阳努力地跑，因为他想要超越自己的影子。可是，不管他向前跳多远、跑多块，影子总是在他的前面。后来，有个大人告诉他一个最简单的方法：“你只要面对太阳，影子不就跑到你的背后去了吗？”

面向光明，阴影永远在我们身后。这个浅显易懂的道理深刻领会后可以让我们受用一生。

幸福是人类的最高追求。我们的传统文化大都鼓励人生通过苦学、苦干、过苦日子等以及用与幸福生活背道而驰的方法去追求幸福，实在是缘木求鱼，因此大多数人都生活得又苦又累。但是现代高度发达的物质文明，又把人们引向了泛滥的物质享乐主义这条不归路。人生而趋乐避苦，全人类幸福的康庄大道还需要从人的本性出发，坚持行走快乐大道，可能才是通途。我竭尽全力构建“快乐人生思想”，就是从人趋利避害和趋乐避苦的本能出发开始思考，根植中华民族优秀文化，海纳古今中外全人类先进思想，着眼未来，探索现代物质文明条件下、个人实现人生幸福的途径和方法，直至美好世界的建立，希望人人过上幸福生活。

这次，我应邀创作《快乐青少年》，十分高兴。通过认真思考，我在《快乐人生三部曲》一书中选取了 7 篇文章，再结合青少年学习和生活实际新增 11 文，共 18 篇文章分六部分谈了以下问题。

阳光青少年教育培养系列

快乐青少年

KUAILE QINGSHAONIAN

张江平 / 著

电子科技大学出版社

图书在版编目(CIP)数据

快乐青少年 / 张江平著. —成都：电子科技大学出版社，2013.11（2017. 6重印）
ISBN 978-7-5647-2017-9

Ⅰ. ①快… Ⅱ. ①张… Ⅲ. ①人生哲学－青年读物②人生哲学－少年读物 Ⅳ. ①B821-49

中国版本图书馆CIP数据核字(2013)第261126号

内 容 提 要

青少年是人一生中接受新思想最重要的时期，在青少年中传播快乐人生思想，可以为他们一生的幸福打下思想基础。本书是快乐人生思想的启蒙读物，是帮助青少年学好《快乐人生三部曲》的序曲，适合广大青少年和教师、家长阅读，对青少年的健康成长和未来事业的发展具有一定的指导作用。

阳光青少年教育培养系列之快乐篇

快乐青少年

张江平 著

出　　版：电子科技大学出版社（成都市一环路东一段159号电子信息产业大厦　邮编：610051）
策划编辑：李燕芩　　责任编辑：辜守义
主　　页：www.uestcp.com.cn　　电子邮箱：uestcp@uestcp.com.cn
发　　行：新华书店经销
印　　刷：成都市新都华兴印务有限公司
成品尺寸：140 mm×203 mm　印张 5.625　字数 146 千字
版　　次：2013 年12月第一版
印　　次：2017 年06月第四次印刷
书　　号：ISBN 978-7-5647-2017-9
定　　价：16.00 元

■ 版权所有 侵权必究 ■

◆ 本社发行部电话：028-83202463；本社邮购电话：028-83201495。

◆ 本书如有缺页、破损、装订错误，请寄回印刷厂调换。

树立快乐人生思想，我们首先要分清快乐和享乐，这是学习快乐人生思想的基础。享乐是人的本能，快乐则是人的本领。人生要快乐，必须超越本能，向快乐出发，学会快乐，才能享受美妙的和谐生活。快乐具有无穷的力量，和幸福紧密相伴，是精神的乐园。世人无不在追求快乐和幸福，但是对快乐和享乐不分，导致很多人最终堕入享乐的泥潭。对人来说，享乐就像罂粟花，用一种绝色的诱惑，让人在肉体的快感麻醉中不知不觉走向堕落。

其次，谈了青少年青春期的相关问题。现代青少年不少是温室里的花朵，没有经过多少风吹雨打，容易产生挫折后一蹶不振。青少年要坚强面对人生苦难，学会品味艰险，在困难面前勇往直前，去摘取困境的桂冠。同时，针对青春期生理和心理的困惑和普遍存在的叛逆心理，教给青少年健康成长的方法，帮助青少年健康成长。梦想是灵魂的力量，人生一定要有梦想。追风的青少年啊！要把梦想的翅膀，交由快乐舒展，像雄鹰展翅天空，尽情飞翔青春的理想。

第三章“学海无涯‘乐’作舟”，着重谈快乐学习问题。本章帮助青少年树立快乐学习理念。学习的本质是发展，本身是快乐的事，可是由于人们太注重学习的功利，把快乐的学习变成了苦差。享受学习的快乐是学习的大智慧。青少年要从小养成快乐学习的习惯和良好的学习方法，这是青少年最终成才的坚强保障。因此，青少年树立“大学习”理念，坚持终生全面学习，才能成就人生大智慧。针对青少年主要在校读书的实际情况，我着重介绍读书“五字诀”，即“博、精、勤、思、活”的读书方法，以帮助青少年学好知识。

第四章“快乐在前，成功在后”，主要谈人生事业成功的问题。人生因快乐而成功，所以青少年不要生气要争气，不要悲观要乐观，既要心动更要行动，用快乐奋斗去赢得快乐成功。我们要帮助青少年树立快乐奋斗理念，教给青少年人生快乐成功的方法，引领青少年去实现人生梦想。提倡青少年不仅要注重书本知识的学习，更要注重实践能力的锻炼，去发现自己的天赋特长和爱好，并在其中享受奋斗的乐趣，努力创造成功机会，争取人生成功。

第五章“养成快乐生活的习惯”，鼓励青少年快乐生活。良好习惯受益终生，青少年要从小培养勤学善思爱锻炼、记录幸福快乐和养成自我教育求贤达等好习惯，努力炼就感恩博爱、心清欲正、乐观自信和诚信正直等好品质。同时，社会、学校和家庭要为青少年创造一个健康成长的好环境，让青少年快乐成长为社会的栋梁。

最后一章“快乐一生”，号召青少年要珍惜青春，活在当下，让每天都过得快乐和充实，用爱为人生画上幸福的句号。

快乐是人前进的根本动力。青少年是人一生中接受新思想最重要的时期，从青少年时代开始研读本书，学习快乐人生思想，充分认识快乐的价值，这对他们快乐学习、快乐生活和快乐工作具有特别重要的意义，为青少年争取人生快乐成功，实现人生幸福铺就快乐大道。

毛泽东曾寄言青少年说：“世界是你们的，也是我们的，但是归根结底是你们的。你们年青人朝气蓬勃，正在兴旺时候，好像早晨八、九点钟的太阳。希望寄托在你们身上。”

青少年啊，无论你是想做一只鹰，搏击长空；还是做一条长河，为大地抒怀，都必须要有快乐相伴，才能实现梦想。

青少年啊，请快快播种下快乐人生思想的种子吧，在快乐太阳的照耀下茁壮成长，开出快乐花朵，结出幸福果实。

目　录

第一章　快乐是天，享乐是地 1
第一节　快乐是天 1
一、快乐的力量无边 1
二、幸福和快乐相伴 4
三、建设精神的乐园 7
第二节　享乐是地 11
一、享乐是人的本能 11
二、享乐像罂粟花 13
三、和不当欲望斗争 16
第三节　向快乐出发 20
一、知识改变命运 21
二、播种快乐种子 24
三、乐享和谐生活 26
第二章　笑对成长的烦恼 29
第一节　乐观看待人生磨难 29
一、欣赏坎坷道路的风景 29
二、学习挫折的智慧 32
三、摘取困境的桂冠 33
第二节　让叛逆助推成长 35
一、平安度过青春期 36
二、理性对待叛逆 40
三、健康快乐长大 43

第三节　飞翔梦想 …… 45
一、有梦才有明天 …… 45
二、美丽的幸福梦想 …… 49
三、超越梦想往前飞 …… 52

第三章　学海无涯“乐”作舟 …… 56

第一节　养成乐学的习惯 …… 56
一、学习积聚快乐能量 …… 56
二、功利让学习变成苦差 …… 59
三、“乐学”成就未来 …… 63
第二节　“大学习”飞扬青春 …… 65
一、“大学习”是快乐海洋 …… 65
二、大学习智慧人生 …… 68
三、“兴趣学习”快乐成才 …… 70
第二节　读书“五字诀” …… 73
一、“博”学多才 …… 74
二、“精”成专家 …… 75
三、“勤”铺坦途 …… 77
四、“思”得真金 …… 79
五、“活”学活用 …… 81

第四章　快乐在前，成功在后 …… 83

第一节　快乐奋斗 …… 83
一、快乐是奋斗的力量源泉 …… 83
二、快乐奋斗相伴快乐人生 …… 84
三、快乐成功的坦途 …… 85
第二节　快乐成功“四步曲” …… 88
第一步　明确奋斗目标 …… 88

第二步　享受工作乐趣 …… 91
第三步　善于绕道前行 …… 94
第四步　创造成功机会 …… 95
第三节　我快乐，我成功 …… 97
一、和“苦学”说不 …… 97
二、拒绝高分低能 …… 100
三、人生因快乐成功 …… 103

第五章　养成快乐生活的习惯 …… 108

第一节　良好习惯受益终身 …… 108
一、习惯的力量巨大 …… 108
二、把恶习赶出心房 …… 110
三、培养良好的习惯 …… 112
第二节　炼就“快乐心” …… 116
一、感恩博爱者“多福” …… 116
二、心清欲正者“多乐” …… 118
三、自信乐观者“多寿” …… 121
四、诚信正直者“多喜” …… 123
五、方圆有度“少烦恼” …… 125
第三节　青少年的快乐生活 …… 127
一、幸福的家庭生活 …… 127
二、和谐的学校生活 …… 130
三、缤纷世界大课堂 …… 133

第六章　快乐一生 …… 137

第一节　今天，我最快乐 …… 137
一、青春很长又很短 …… 137
二、最快乐的是今天 …… 139

三、每天进步一点点 …………………………………………… 140
第二节　快乐每一天 …………………………………………… 144
一、时间是快乐的财富 ………………………………………… 144
二、丢掉不快乐的包袱 ………………………………………… 146
三、做个生命的小太阳 ………………………………………… 149
第四节　做一个幸福的人 ……………………………………… 151
一、爱是快乐人生的明灯 ……………………………………… 151
二、爱别人就是爱自己 ………………………………………… 153
三、爱为快乐划上幸福句号 …………………………………… 156

附录　快乐教育 ………………………………………………… 159

快乐教育 ………………………………………………………… 159
一、“家教”养良习 ……………………………………………… 159
二、“师教”明日月 ……………………………………………… 162
三、“己教”求贤达 ……………………………………………… 165

第一章　快乐是天，享乐是地

第一节　快 乐 是 天

快乐是生命的原动力，引领人类走过漫漫洪荒，最终成为万物之尊、百灵之长。快乐是生命的蓝天，灿烂生命的阳光，飞翔人类幸福的梦想。

一、快乐的力量无边

快乐是人生强大的精神力量。

（一）快乐是成功的力量

快乐是一种渴望改变命运、追求幸福、勇于奋斗的源自内心深处的精神力量，使人在平凡中拥有美丽的梦想，在困境中不忘美好明天的希望。快乐力量像涓涓细流，既可以流入心田，滋润幸福的心房，又可以积聚起欢乐的海洋，飞翔青春的梦想。

快乐是坚持奋斗的力量。成语“乐此不疲”就是明证。科学研究表明，人的大脑具有连续工作 10 个小时以上效率不减的功能。但事实上不少人工作学习不多久就没精打采了。心理治疗专家解释说，我们之所以感觉疲倦，很大程度上是由精神和情感因素引起的，比如烦闷、焦急、无用、忧虑等不快乐的因素。创造快乐、守护快乐吧！当做自己喜欢的事时，一种快乐的感觉油然而生，这种感觉让我们全身心投入，甚至废寝忘食，因此更能出成绩。

著名相声演员宋丹丹曾戏说：看足球揪心；看中国足球最揪心。前国足教练米卢说：“中国队心理压力过大。队员如果心态不能轻松下来，如何能打出正常水平？中国队的主场发挥不如客场，这是一个相当奇怪的问题。”为此，米卢大力倡导“快乐足球”。常常让人揪心的国足，唯米卢时期心态问题解决得最好，观看比赛时可以放心点。米卢倡导的“快乐足球”的效果可以用另一位教练的话来说明：“米卢最终让平常只能发挥 60%水平的国足打出了 90%的水平。”当中国队开始把足球当作快乐时，快乐的力量于是让中国队撞开了世界杯大门。

快乐是心灵的愉悦，促使人体潜能爆发出巨大的力量。快乐的人往往能化渺小为伟大，化平庸为神奇，化失败为成功。追求快乐，不但获得人生成功的力量，而且是一种人生智慧。追求快乐必须学会享受奋斗的过程，不要等事情有了好结果才去享受成功的快乐。青少年要在学习、工作和生活中发现乐趣，注意收藏快乐，忘掉不悦，随时把心态调整到最佳状态。这样快乐就会源源不断，给我们更多前进的力量。

（二）快乐是精神疾病的良药

快乐像眼镜，修正精神近视的眼力，使人由悲观变为乐观，感到生命有意义，重塑积极的心态。科学研究表明，快乐的心态能激发脑啡，脑啡又转而激发乐观和幸福的感觉，这些感觉反过来又增强了积极的心态，这样就形成了“良性循环”。源自内心的快乐不仅是一种人生成功的力量，而且是治疗精神疾病的唯一良药。

清朝有位官员，长期患一种精神忧郁症。他看了许多医生，都未见效。一天他因公坐船经过山东台儿庄，地方官员推荐一位当地有名的老医生为他治病。

医生诊脉后一本正经地说：“你患了月经不调症。”官员一听，顿时大笑，认为医生老糊涂了。事后，每当他想起此事，就要大笑一阵，天长日久，病竟不治而愈。

过了几年，他又经过台儿庄，想起那次看病之事，特意来找老医生，想取笑一番。老医生说：“你患的是精神忧郁症，无什么良药可治，只有心情愉快，才能恢复健康。我是故意说你患了‘月经不调症’，让你常发笑。”

这位医生富有智慧，他不仅深暗医道，而且明白生命最好的药物就是欢笑，快乐是医治精神疾病的唯一灵丹妙药，同时还是医治其他病症极好的辅助良药。快乐是善待自己、减轻重负、呵护生命的灵丹妙药。快乐给人海纳百川的胸怀，把生命涓涓细流汇聚成欢乐的洪流，它无坚不摧的力量，瞬间就能摧毁忧郁闭塞的堤岸。懂得快乐是情感流露、抚慰心灵、激发潜能的动力和源泉；善于快乐是人生智慧，无须高官厚禄，只需有颗“快乐心”就足够。人生不满百，快乐是过，不快乐也是过，即使道路坎坷，命运险恶，我们也要坚决选择快乐生活。

（三）快乐是创新动力的源泉

创新是人类社会前进的不竭动力，是人生最大的快乐之一。创新来源于已有知识与经验的升华，但只有知识广博、理论功底深厚、实践经验丰富、信息灵敏的人，厚积薄发，才易于在多学科、多专业的融合和跳跃性的创造性思维中求得突破。快乐的心情，是人生动力和创造力的源泉。在快乐的国度里，人的思维因为愉悦而处于漫步神游的境地，思想翱翔在最飘逸的空间，灵台空明，内心像有清澈的泉水在涌动，这时各种知识水乳交融，创造性思维水到渠成，创造性成果瓜熟蒂落。

我国著名数学家谷超豪院士，曾将自己的三大研究领域——微分几何、偏微分方程和数学物理，亲昵地称为“金三角”，并告诉别人：“别看它们表面上枯燥，其实只要深入进去，就会发现其中奥妙无穷，充满快乐。而正是这快乐给予了我无穷的动力。”

古希腊哲学家苏格拉底说：“世上最快乐的事，莫过于为理想而奋斗。”谷先生的数学人生启示我们，要在创新之路上不断前行，不可缺少那种发自心底而又融入生活的创新的快乐，否则就缺少了动力。在很多人眼里，创新是艰深、枯燥、乏味的“苦差事”，充满着艰难曲折且前途难卜。实际上，创新的人生最快乐。创新的过程使人不断享受到因畅想、发现、创造、超越而带来的种种乐趣。做一个开创者的成就感，以及对研究的热爱的快乐和奉献人类的崇高精神可以产生创新的恒久动力，促使人在创新之路上越走越远。创新者最大的快乐是创新成果为社会大众创造了更加美好的生活。同时，快乐蕴涵的巨大的精神力量，又给人源源不断的创新动力。爱迪生用电灯给人类增添光明，袁隆平用杂交水稻为人类解决温饱，比尔·盖茨用电脑把世界联结为地球村。这些伟大成就的取得，源于他们在喜爱的领域快乐工作，因此创新智慧竞相迸发，创新成果不断涌现。

二、幸福和快乐相伴

快乐是人在追求幸福生活过程中心灵的愉悦。幸福的人生最美，由生命的真和快乐的善谐和而成。幸福和快乐就像一对热恋的伴侣，形影不离；又像一对孪生兄弟，亲密相处。

（一）快乐是最高的善

快乐是合符人趋乐避苦天性的善。但必须区分不同的快乐：满足生理需求欲望的快乐（快感）是人类的本能；而德性的愉悦，心灵的快乐才是大善。一个理性的社会人，在考量一个行为是否快乐时，必须区分快乐和享乐，避免因为追求快乐而陷入享乐的泥潭。也就是说，追求快乐必须从社会人利众角度出发考虑是否符合公共利益，考虑是否可能因此获得更大、更持久、更强烈的快乐。这不仅是对自己负责，更是对他人、社会乃至自然负责，才真正符合善的本义。

一个快乐的人更富有魅力和亲和力，使自己更加坚强、果敢和自信，在任何艰难困苦面前都保持乐观和积极向上的态度，像生命的太阳普照人间，把欢乐的阳光带给大家，因而赢得人们的喜爱。

美国女影星琳达，在影坛上红了 29 年。美国人同时一致认为琳达的演技并不是很出色，但这并不妨碍人们喜欢她。只要有琳达上演的影片，影院就会爆满。琳达到底好在哪里，大家很长时间都说不清也搞不懂。而美国另一位女演员温娜，受过高等教育，上过电影学院，演技是影视圈里公认的一流。但她无论怎么卖力，都比不上琳达。40年来，人们都无法破译琳达为什么那么受欢迎，而温娜为什么就不行。

后来一个心理研究小组终于得出结论，那就是人们并不是喜欢琳达的演技和上演的那些角色。人们喜欢琳达，是因为琳达的乐观和琳达的快乐。

人生来喜欢快乐，厌弃痛苦，这是人类趋乐避苦天性使然。人们需要一种积极的生活态度和一种健康的活力。因为简单、自然、快乐的生活，给生命以活力。美国是一个竞争激烈、工作紧张的国家，劳累的人们太希望看到喜庆、欢快、直爽、简单的性格了。在心理学上，只有这种性格的人，才能给更多的人带来压力释放，让人轻松和舒展，而琳达正是这样一位性格演员。琳达言语简单，对生活充满纯朴的希望，满脸灿烂和洋溢的热情，使她大受欢迎。

（二）幸福的人生最美

花花世界，各有所长，有的求功名，有的求富贵，有的求宁静祥和，有的求长命百岁，但归根结底都是在寻找自己的幸福。享乐者有快感，卑鄙者有窃喜，自大者有狂笑，唯快乐者有幸福。幸福是灵魂的香味，是心灵的乐园，是最美的人生。

幸福是人们心灵对自己的需要、追求和活动趋向和谐的一种感知。幸福就像兰花的香气，沁人心脾；幸福就像糖果的甘甜，甜蜜心房。平凡的人们，不怕人生的苦和累，执着地活着，追求爱情的甜蜜、婚姻的美满、事业的成功，莫不是其间蕴含着人间真切的幸福。

有一位妇女，她几乎承受了凡人难以忍受的种种不幸，贫穷、灾难、消化不良、失眠、孩子生病……各种打击接踵而来，人生仿佛就是一场灾难。痛定思痛，她决定生活再苦也要追求幸福，于是定下一条规矩：每天吃饭前对着镜子笑一次，不管有没有发生快乐的事。这样一来，只要稍有快乐的事情她就能开怀大笑。家里因此充满欢声笑语。丈夫和孩子也受到她快乐心情的感染，一家人其乐融融，都生活得健康、幸福。

培养具有乐观、坚强、包容性格积极生活态度的人，其幸福指数就会高，因为幸福是心灵的感受，并没有物化的标准。经历过大灾大难和病苦煎熬的人生最能体味幸福的滋味。在商人眼里，金钱是福；在高官眼里，厚禄是福；在百姓眼里，快乐是福；在病人眼里，健康是福；在受难者眼里，平安是福。幸福并不是权力和财富的专利，也许就是路边的一朵草花，或者天上的星星，只要赶路时不要忘记欣赏路边的风景和仰望星空就行。

（三）快乐幸福好伴侣

快乐是什么呢？快乐是清风，吹走人们心头的乌云；快乐如美酒，把幸福醉倒在心头；快乐如小溪，在崎岖小路上欢歌。幸福在哪儿呢？幸福乘坐快乐的马车翩翩而来，沐浴着早晨金色的阳光，带着清晨的露水和田野泥土的芬芳，满载着青春的希望和梦想，在快乐人生大道上前行。青少年啊，请沐浴更衣，带着一颗虔诚的心出门迎接吧！

有一个单身汉，不愿与人交往，日子过得枯燥乏味。他决定去找生活快乐的人，问幸福的秘诀。

他想，国王尊贵而富足，后宫佳丽三千，一定幸福。他见到了国王，国王却说："我每天必须处理很多事，很少有时间和亲人享受天伦之乐，还要时时操心王位是否牢固。我寝不安、食不香，哪有幸福可言?"

单身汉想，照国王的意思来说，流浪汉天天无忧无虑的，一定会快乐。流浪汉却说："我连今天的中午饭都没着落，哪来快乐?"

单身汉搞不懂了：世界上真没有幸福快乐的人了吗?我上哪里能找到幸福的秘诀?

这时走来一位老者，告诉他："国王可以幸福，只要他不被权力和金钱迷住了心灵。流浪汉也可以快乐，只要他不被贫困压倒。同样，你也可以快乐幸福，只要不让自己习惯孤独，做自己喜欢的事，找到心爱的人，享受人生乐趣，就能得到人生的快乐幸福。”

单身汉恍然大悟。

快乐并不都是幸福，但是不快乐肯定不幸福。幸福总和快乐相伴，像亲密爱人偕老人间。一个幸福的人，必定是一个快乐的人。快乐是铁，幸福是磁铁，把快乐紧紧拥抱，一刻也不离开。幸福是一种持久的快乐，是人生坚持快乐奋斗的果实，是快乐的升华，是痛苦的涅槃。没有在冰天雪地里冻过的人，不会珍惜暖室轻衾的温暖；没有经历过饥饿煎熬的人，不知道碗中米饭的香甜；没有经过痛苦磨难的人，不会有彻悟生命的坦然。当人生觉悟后，开始学会用享受的心态面对生命中的一切，就能够随时随地找到快乐和幸福的感觉。

快乐是花，幸福是果。阳光青少年首先要学会做一个快乐的人：当早上的太阳射进窗户时，为盎然的生命快乐；当经过一番冥思苦想后攻克难题时，为每一点进步快乐；当帮助他人渡过难关时，为生命的奉献快乐。青少年只要坚持做一个快乐的人，就能成为一个幸福的人。

三、建设精神的乐园

快乐是精神的营养，来自爱心富足的心灵；快乐是对真善美的憧憬，源于奉献人类幸福的理想。

（一）快乐秘诀在于爱

爱的字根“爫”是“爪”的变体，有“扶助”弱者的意思；“冖（mì）”的意思是“覆盖”，有雌鸟保护和亲近小鸟的意思；“友”有对“朋友”关切的意思。对弱者的扶助，对家人的保护和亲近，对朋友的关切，都属于爱的范畴。爱人者，人恒爱之。人类皆我兄弟姐妹，每个人都需要我们奉献爱心。

有这么一个美丽的寓言故事：

一个小女孩路过一片草地，看见一只蝴蝶被荆棘弄伤了。她小心翼翼地为蝴蝶拔掉刺，让它飞向大自然。蝴蝶为了报答小女孩的救命之恩，化作一位美丽的仙女，对小女孩说："因为你很仁慈，请你许个愿，我将让它实现。"小女孩想想说："我希望快乐。"于是仙女弯腰在她耳边悄悄细语一番，然后消失了。小女孩得到仙女的秘诀，后来果真快乐地度过了一生。

在她快要离世时，方圆百里的人都来看望她。她笑着向他们道出了快乐一生的秘诀："爱你身边的每一个人。"

爱别人是一种快乐，接受他人回馈的爱是一种幸福。帮助别人，快乐自己，是快乐人生大智慧。助人为乐，因为帮助别人，总有一种快乐盈满心间，轻松收获快乐的利息；助人为乐，因为帮助别人，总有一种善念以循环的方式出现，我们终将得到回报。

（二）建设真善美的心灵

立人先立德，树人先树品。青少年好比一张白纸，染于苍则苍，染于黄则黄，是人生品格定型的关键时期。至乐的贤达人生，必须追求真善美，构筑精神伊甸园。

1. 求真

"真"即真理。求真就是探寻客观事物的"道"。哥白尼说：人的天职在于勇于探索真理。对青少年来说，"求真"就是要求取真知灼见，立志成为社会的栋梁。牛顿发现万有引力定律，哥白尼创作《日心说》，爱因斯坦发表《狭义相对论》，这些科学巨人们孜孜不倦地探索自然奥秘，取得科学实验的丰硕成果；老子著《道德经》，马可·奥勒留写《沉思录》，马克思著《资本论》，这些哲人们勤奋思索人生社会至理，为社会文明进步作出巨大贡献。他们都是我们学习的榜样。当今社会发展日新月异，不论是在校求学阶段，还是走向社会工作期间，都要紧跟时代发展的步伐，保持强烈的求知欲望，持之以恒地学习。一方面，要端正求真务实的学习态度，静下心来，坚持真理，踏踏实实读书做学问；另一方面，要诚信正直，讲原则，言行一致、表里如一，敢于与谬误作斗争，做一个勇于追求真理的人。

2．向善

“善”是一个社会人的基本道德。人心思善，人心向善。向善是一种宽阔的胸怀、一种美好的人格倾向、一种崇高的精神境界。向善既包括善德、善心、善言、善行等内容，又包括善待自己、善待他人、善待社会、善待自然等活动。心存友善，就会乐于扶贫帮困；心存友善，就会与人友好相处；心存友善，就会做事光明磊落。坚持向善的人行走大道，最终进入道德境界，天人合一，成为人间神仙。

有这样一个传说：汉钟离到人间传授法术，指导人们如何“点石成金”。人们蜂拥而来求艺，唯独吕洞宾问道：“大师，点石成金之后，金子还会变回石头吗？”汉钟离答：“会，但那是 3000 年之后的事情了。”吕洞宾大惊失色：“如果有人 3000 年后本想靠着一块金子来度日，但金子却变回了石子，那岂不害了人家！这法术万万学不得！”

吕洞宾拒绝学“点石成金”的法术。他刚一拒绝，便成了仙。

3．尚美

美是人们对自然和人性中的真和善的共识乃至推崇与向往。有了美，我们的社会才会和平与稳定；有了美，我们的世界才会充满友谊和关爱。尚“美”要求我们追求人类社会的理想境界，让我们的人生充满幸福和快乐。

当今青少年生活在中华民族历史上政治最稳定、经济最繁荣、思想最宽松的时代，是最幸运的一代人，同时也是竞争最激烈的一代人。他们在享受现代物质文明成果的同时，面临知识爆炸、信息骤增，还有红尘滚滚、遍地诱惑。青少年如果没有正确的爱美之心，就很难守住心灵的宁静祥和。思想一旦变得浮躁，灵魂就容易流浪，远离精神的家园。青少年要追求心灵美，努力学好本领，陶冶情操、锤炼品德，以优秀的表现向父母和老师汇报。这样，在长大成人回首年青时就不会因虚度年华而悔恨，也不会因碌碌无为而羞愧。

（三）在奉献中快乐涅槃

圣洁的爱和无私奉献的精神，包容在整个世界，受到大家的齐声赞美，让生命在精神的乐园永恒。

海边上，有一座简陋的房子。房主人是一位孤老太太，她长年卧病在床，行动不便，靠人们的救济生活。

房子前面是一片热闹的海滩。有的游客在沙滩上嬉戏说笑，有的游客在海水中畅游。老人每天坐在床头，透过一扇小窗，看外面热闹的人群，为他们的快乐发出会心的微笑。

有一天，当老人像往常一样看窗外的景象时，忽然发现，天色悄悄发生了变化，蓝蓝的天、白白的云不见了，变成一片昏暗，海水的颜色也发生了变化。

老人的心忽然抽紧了，恐惧迅速弥漫全身，因为她还记得，许多年前，正是在这样的天象下，一场突然而至的海啸，吞没了她的丈夫和儿子，毁掉了她的幸福家庭，把她抛进了无边的愁苦中。

她趴在窗户上，拼命叫喊，通知游人尽快逃离危险。但是没有一个人听到她虚弱的喊叫声。

怎么办？

老人的目光凝注在油灯上。忽然，她抓过油灯，将油洒在床上、木墙上，然后用颤抖的手划燃火柴，点燃了房子。

在海滩上游玩的人们纷纷跑来救火，但是老人已经丧生火海。这时，海啸轰然而至，巨浪如山般压过来。它不可阻挡的威势，把游人们惊呆了。

在海啸中幸存的人们一起为老人举行了隆重的葬礼。

幸存的人们不知道火灾的原因，但是上帝知道。老人的灵魂升入天堂，成了一位美丽的天使……

这个美丽的故事，每次读到它都让我掉泪。靠人救济生活的老太婆最后用自己的生命回馈了帮助她的人，实现了生命的涅槃。奉献既是一种让自己自豪的能力，又会在听到别人真心谢谢时感到快乐，因此，奉献是人生最大的快乐。全球最富有的比尔·盖茨和巴菲特，最近几年把绝大部分财产都捐给了基金会。比尔·盖茨因此很快乐，所以他每次在台上讲话，都会“露出他一贯的孩子般的笑容”。

第二节　享 乐 是 地

享乐源于人的动物性本能，耽于享乐的生活就像迷恋罂粟花。人必须和不当欲望长期斗争，才能过上真正快乐的生活。

一、享乐是人的本能

人类虽然经历了漫长岁月的不断进化，依旧有食欲、情欲等本能的一面。享乐是本能，快乐则是本事。

（一）人皆有七情六欲

七情指人的七种感情。按儒家的说法是：喜、怒、哀、惧、爱、恶、欲。《礼记》里说，七情是“弗学而能”，意思就是不用学就会，是本能。“六欲”泛指人的各种欲望。现代人类对六欲归纳为求生欲、求知欲、表达欲、表现欲、舒适欲、情欲等欲望。七情与生俱来，六欲人皆有之，我们必须正确对待。

一位心理学教授带着学生就人们对金钱的欲望进行调查。他们找到一个乞丐，要求乞丐对提出的问题如实回答，不然就酌情扣除报酬。乞丐满口答应。

教授问：“你现在如果有 100 元钱，最想干什么？”

乞丐立即回答：“我先跑到熟食店买一只烧鸡，两瓶啤酒，找个僻静的墙根，吃个美，喝个够，再晒着太阳睡上一觉。”

“如果你现在有 1000 块钱呢？”

乞丐难为情地答："可我从小到现在都没有过 1000 元呢。"教授严肃地说："现在是假设，让你说的是假如。""那我先买身好衣服，像你们一样体体面面地走在大街上，四处逛逛，看看风景，再不睡在街头了，让联防、公安问来问去，连个好觉也睡不成。"乞丐心酸地回答。

"如果你现在有十万元钱呢？"

乞丐立即来了精神，一昂头高兴地回答："我立马回老家，盖座新房子，聚个老婆，春秋种种庄稼，冬夏打打麻将。"

"如果你现在是百万富翁呢？"教授急切地问。

乞丐一愣，继而满脸生光，幸福顿时溢满脸庞，喜滋滋地走到教授身边说："我要和城里大款一样，穿金戴银，住别墅，开小车，带小蜜在歌厅唱唱歌——天下有什么乐事，我都要尝尝。"

教授和他的学生们个个面面相觑……

人生在世，衣食住行是基本需要，追求七情六欲的满足是奋斗的欲望动力，但人必须理性和节制，做身体欲望的主人，避免成为欲望的奴隶。因为，欲望就像水一样，适当就好，多了就会泛滥成灾。

（二）趋乐避苦是本能

"趋乐避苦"是人的本能。本能驱动下的快乐，准确地说是人体官能的快感。这种感官的快感，在有益身体健康范围内，也是一种快乐，如果过度，损害了健康，就变成了享乐。人类具有理性思维能力，这是人有别其他生灵的根本特征，表现在对快乐的追求方面，就是善于主动积极地探索心灵愉悦的方式方法，既保证身心的愉悦，又不损害健康，以求得更高的价值。

人生快乐与痛苦相伴。每个人都追求快乐而躲避痛苦，因为快乐带来善，而痛苦带来恶。一个人只有经常保持快乐的感觉，才会热爱生命，追求幸福生活。

有这样一个故事：

一个旅行者在草原上被猛虎追赶。他无奈下到一口无水的深井，紧紧抓住井壁的一株灌木。这时，他看见井底有一条巨大的毒蛇。这个不幸的人既不敢爬出井口，又不敢跳到井底。他死死抓住灌木枝条不放。忽然，井壁缝爬出来两只老鼠啃噬灌木。灌木随时都会断裂垮掉。旅行者目睹着这一切，深知必死无疑。这时，他看见灌木的树枝上挂着几滴蜜汁，便把舌头伸过去，舔食着或许是最后的快乐。

生死关头，亦不忘最后的享受，这或许就是人顽强的一种生存本能。饥而欲食、寒而欲暖、苦而欲逸是人天生的本能。传统文化一直倡导艰苦奋斗，这并没有错。但是无视人趋乐避苦等本能，空谈“毫不利己，专门利人”圣人德行，最终只会导致伪道德成风。改革开放以来，国人开始重视物质享受和官能快感，在客观上释放了人的欲望，人们的生活开始变得丰富多彩，这相对于此前物质贫乏、精神扭曲的时代是一种进步。但是我们必须清醒地看到，矫枉过正亦十分危险，现代人不断膨胀的欲望，正把人类推向享乐主义无底的深渊。我们既要正视人的享乐本能，又要超越本能，才能得到真正的快乐。

二、享乐像罂粟花

对人来说，享乐就像罂粟花，用一种绝色的诱惑，让人在肉体的快感麻醉中不知不觉走向堕落。

（一）享乐偏离了快乐人生的航向

现代社会五光十色的享乐诱惑中，到处潜伏着吃人的猛兽。消费主义掏空自然财富，侵蚀子孙幸福；吃喝玩乐伤肝败胃，损害宝贵的健康；酒色财气侵蚀灵魂，污染精神的乐园；虚名浮利遮盖本性，迷失纯真的快乐。

一艘船迷失了方向，只好在茫茫大海上随波逐流。不知过了多长时间，船停靠在一座小岛。岛上树木葱郁，鲜花遍地，鸟声不绝。这真是人间仙境，空气中也似乎充满令人愉悦的香气。

船上有人提议说："我们下船玩玩吧。如此美景岂容错过。"

一群人兴冲冲下船去玩。一些人在岛上抓紧时间摘了些奇花异草，饱尝了新鲜可口的山果后悠然回到船上。还有一些人下船后觉得一切都是那么新奇，恨不得把所有好玩的、好吃的和好看的都享受一遍。他们跑了很远，直到急促的汽笛不断鸣叫，才从欢娱中回过神，慌不择路地跑回来，有的擦得遍体鳞伤，有的跌得鼻青脸肿。这时，最触目惊心的场面出现了：一名乘客披散着头发，尖叫着奔向轮船，一只猛兽在后紧追不舍……

人生就像这艘航船，虽有不可预知的困难出现，但在艰难历程中也常有奇遇之事乐趣无限。如果一味沉迷于享乐，甚至忘却了正事，最后的结果多半是"毁灭"。行在旅途，只有那些既能够及时享受岛上的乐趣，又没有迷失其中的人才值得赞赏。青少年涉世未深，在享乐的诱惑面前更难自持，一旦步入享乐沼泽，就将深陷其中，不仅伤害宝贵的健康，还磨损进取的意志，最终一事无成，抱憾终生。

（二）生于快乐，死于享乐

一个人要永远追求高尚的人生目标和健康的生活情趣，过简朴自然快乐的生活，这是正道。适度的物质利益和正当的生活享受是必须的，但要控制在保证人的健康和符合社会道德规范之上。人生的幸福不是来自感官的享乐，而是心灵的快乐。快乐愉悦身心，带给人幸福；享乐损害健康，加速人死亡。

战国时期的齐桓公励精图治，依靠管仲率先成就霸业。然而，他晚年喜欢阿谀奉承溜须拍马的竖貂、易牙和开方三个小人。齐桓公喜美食。有一次，桓公戏言说不知人肉何味。次日，易牙就杀了自己3岁的儿子，亲手蒸给桓公吃。

管仲病重卧床时，特别提醒桓公，说他死后一定要驱逐竖貂等人出宫，不然三人必然为乱。管仲死后，齐桓公听从管仲之言逐三人出宫。桓公离开易牙等人后食不甘味，寝不安席，缺少刺激，觉得活着没劲，于是复召三人回宫。

后来齐桓公生病，竖貂、易牙就矫托王命，把王宫用高墙围起，只留一个小洞。桓公饮食，全靠小太监从洞里送入，并很快连饭也不送了。桓公在饥渴中悲惨死去。桓公死后，众公子忙于争夺王位，直到多日后才发丧。其时，桓公之尸已腐烂不堪，蛆虫爬出户外，恶臭难闻。

成就霸业的齐桓公，被三个小人打垮，实在可惜；更令人警醒的是一个美食家霸主，最后饿死，不可思议。人类历史上因骄而奢、由奢而亡的例子，数不胜数。很多英雄豪杰在功成名就后，奢侈享乐起来，纵情声色，逐渐成为感官欲望的奴隶，最终失败就成为必然。

（三）远离享乐主义的诱惑

享乐主义指把追求一切能够引起身体各种感官快感的刺激看作人生目的的思想观念。由于感官刺激只能由本人来体验，因此与享乐主义并存的是自我中心主义。享乐主义者极力追求最大限度物质上的享受和肉体上的快感，容易陷入意志消沉、缺乏进取精神的状态之中，同时造成社会财富和资源的巨大浪费以及人际关系紧张，不利于社会的和谐稳定，是我们必须反对的。

老子说：“五色令人目盲；五音令人耳聋；五味令人口爽；驰骋田猎，令人心发狂。”如果沉缅于眼、耳、口、鼻等感官享受，对人的危害很大。我们应当区分快乐和享乐，远离享乐欲望的诱惑，审慎地计量和取舍快乐与享乐的事物，达到身体健康和心灵的平静。

某大公司准备以高薪雇用一名小车司机，经过层层筛选和考试之后，只剩下三名技术优良的竞争者。主考官问他们：“悬崖边有块金子，你们开着车去拿，觉得距离悬崖多近而又不至于坠崖呢？”

“两米。”第一位说。

“半公尺。”第二位很有把握地说。

“我要远离悬崖，下车去拿。”第三位说。

结果这家公司录取了第三位。

英国大哲学家罗素说：“人之所以有道德，是因为受的诱惑太少。”现代生活五光十色的享乐诱惑，即使是圣贤也很难完全拒绝，只能通过一生的修炼来不断提高抵抗诱惑的能力。青少年千万不要和享乐的诱惑较劲，而应离得越远越好，去追求心灵的快乐，这才是理性的行为。

三、和不当欲望斗争

现代功利社会，权力、金钱、美色等欲望诱惑既催促人们奋勇前进，又像一把把利剑高悬于头顶。一个人在欲望动力中是不断进步，还是被毁灭，取决于和不当欲望斗争的结果。

（一）不断壮大理性的力量

理性是人和动物的本质区别。人生有限，欲望无穷，企图所有的欲望都满足，难以实现。人必须用理性的力量来控制欲望，否则欲望越过度，生命将越短暂。一个自尊、自爱、自强、自信追求进步的人，任何时候都不会忘记目标和追求，坚持严格要求自己。

《元史》载，宋元之际，世道纷乱。学者许衡外出，天气炎热，口渴难忍。路边正好有棵梨树，行人都去摘梨止渴。惟许衡不为所动。有人问：“你为何不摘梨呢？”

许衡道：“不是自己的梨，岂能乱摘？”

那人笑他迂腐：“世道如此纷乱，管他谁的梨？它已没有主人了。”

许衡说：“梨虽无主，但我心有主。”

一个纯洁的心灵是智者所追求的。追求心灵的纯洁和高尚，除了硬性的规章制度约束外，更重要的是要有一颗坚强的力求上进的心，才能养成良好习惯，不断增强理性的力量。

明人徐溥在求学时期，为了不断检点自己的言行，便别出心裁地想了一个妙法。他在书桌上放了两个瓶子，每当自己做了一件坏事，说了一句坏话，想了一个坏念头时，就在一个瓶子里放一粒黑豆；做了好事就在另一个瓶里放一粒黄豆。开始时，黑豆颇多，黄豆寥寥，他便深刻反省；过了一段时间，黑豆黄豆已各占一半。他再接再厉，律已更严，久而久之，瓶中黄豆半满，黑豆则屈指可数。徐溥就凭着这种持久约束，不断修炼自我，完善品德，终于成为明朝一代名臣。

俗话说“学好千日不足，学坏一日有余”。人由类人猿进化而来，利己的动物本能在社会生活中很容易养成贪心、懒惰、自私等坏习惯。相反，遵纪守法、讲信用、爱劳动、讲卫生、勤奋好学、奉献社会等好行为是人类特有的社会性行为，是人类伦理道德和文化发展的文明成果。快乐的人生要求我们务必加强自我修炼，不断增强理性的力量，严格要求自己，力求贤达。

（二）清心正欲是一生的征战

要做一个快乐的人，必须和不正当的欲望长期斗争。

1. 金钱只是生活的工具

人既有物质生活，又有精神生活，只有两者和谐统一，人生才幸福。物质要富足，精神要快乐，因此幸福的人生需要金钱，更需要快乐。金钱的一半是天使，另一半是魔鬼。金钱使人的物质和精神都富有时，金钱便是天使；当金钱消除物质贫穷又带来精神贫穷时，金钱便成了魔鬼。满足人正常物质生活需要的金钱是天使；满足人欲念膨胀的金钱是魔鬼。其实，快乐人生最大的财富是生命本身。

有位青年时常对自己的贫穷发牢骚。

“你具有如此丰厚的财富，为什么还要发牢骚?”一位老人问。

“它到底在哪里?”青年人急切地问。

“你的一双眼睛。只要能给我，我就可以把你想得到的东西都给你。”

“不，我不能失去眼睛！”青年回答。

“好，那么让我要你的一双手吧！为此，我用一袋黄金作补偿。”

“不，双手也不能失去！”

“你有无比珍贵的眼睛可以学习，你还有金不换的双手可以劳动。现在，你看到了吧，你有多么丰厚的财富啊！”老人微笑着说。

这个世界上，有的人衔着金钥匙出生，有的人拿着打狗棒降世，好像不公平。但上帝给了每人一个智慧的大脑和勤劳的双手，让人人都可以去创造财富和快乐，赢得自己的幸福。事实上，金钱只是生活的工具，适可而止。伊斯特林“财富增长悖论”已经告诉人们，现代社会不断增长的财富并没有增进人类的幸福。人类对金钱的贪婪，其实是在挖掘自己和子孙的坟墓。

2．私心私欲损人不利己

就人性本质而言，荀子认为，人生来就好利、嫉妒、喜声色，如果放纵人性任其发展，就会产生争夺、杀戮和淫乱等恶行。正因为人性是利己的，所以需要圣人的教化，需要礼仪法度和道德规范去引导人们向善，去掉私心杂念。荀子的观点并不全对，但真实地反映了人利己、自私本能的一面。

有两个重症病人躺在一间病房里。房间很小，只有一扇窗子可以看见外面。其中一个病人的床靠着窗，他每天下午在床上坐一个小时。另外一个人则整天躺在床上。

靠窗的病人每次坐起来的时候，都会描绘窗外的景致给另一个人听。他说，从窗口可以看到公园的湖，湖内有鸭子和天鹅，孩子们在那儿撒面包片，放模型船，年轻的恋人在树下携手散步，人们在绿草如茵的地方玩球嬉戏。

另一个人倾听着，想像着病房外面世界的快乐。在一个晴朗的午后，他心想：为什么睡在窗边的人可以独享外面的风景呢？为什么我没有这样的机会？他越想越不是滋味，就越想换位子。这天夜里，他盯着天花板想着自己的心事，突然听到病友拼命地咳嗽，并试图用手按铃叫护士进来。他只是旁观而没有帮忙——他感到同伴的呼吸渐渐停止了。第二天早上，护士抬走了病友的尸体。

过了一段时间，他开口问护士，能否换到靠窗户的那张床上。

他们搬动他，把他换到了靠窗的床上。他感到很满意。人们走后，他用肘撑起身子，吃力地往窗外张望……

他看到窗外只有一堵空白的墙，同时还看到一颗自私自利卑微的心灵。几天之后，他在自责和忧郁中死去。

人的私心私欲来自人的动物性本能欲望的膨胀，具有十分强大的力量。这是人性的弱点，必须通过坚持不懈的修炼来克制，才能健全德行，树立福利大众的思想，给自己一个快乐的人生。

3．放下贪欲快乐前行

在功利的世俗生活中，人们常常对眼前的利益十分看重，因此迷失人生方向，有的人甚至不惜以身犯险，最后人财两空。

小鱼问大鱼道："妈妈，我的朋友告诉我，钓钩上的东西是最美的，就是有一点危险。要怎样才能既尝到这种美味又保证安全呢？"

"我的孩子，"大鱼说，"这两者是不能并存的，最安全的办法是绝对不去吃它。"

"可是它们说，那是最便宜的，因为它不需要任何代价。"小鱼说。

"这可完全错了，"大鱼说，"最便宜的很可能恰好是最贵的，因为它让你付出的代价很可能是整个生命。你知道吗，它里面裹着一只钩子。"

"要判断里面有没有钩子，必须掌握什么原则呢？"小鱼又问。

"那原则其实你都说了，"大鱼说，"种东西味道最美，又最便宜，似乎不用付出任何代价，钩子就很可能在里面。"

人生欲望太多，必心浮气躁，痛苦不断。社会上，当上小官想当大官；一边读学位，一边考职称；舍不得名声，又放不下金钱的人数不胜数。不少人已经拥有了财富与地位，还希望得到更多，结果活得很累。要经常提醒自己，人生只有放下功名富贵的贪欲，轻松做自己，才能活得自由，活得洒脱，活得快乐。

（三）倒吃甘蔗节节甜

快乐和痛苦是一对相反的心理体验，没有痛苦的体验就不会有快乐的喜悦。正如人们常说的先苦后甜，悲苦的童年，往往也是未来人生快乐的宝藏。“吃得苦中苦，方为人上人！”反之，先甜后苦的结果必然是“少壮不努力，老大徒伤悲。”一开始就选择享受的人和一开始就执着奔波、千锤百炼的人的最后结局是不同的，后者成了珍品，前者成了废料。

深山里有两块石头。第一块石头对第二块石头说：“我们去经一经路途的艰险坎坷和世事的磕磕碰碰吧，能够搏一搏，不枉在世间走一遭。”

“不，何苦呢？”第二块石头嗤之以鼻，“安坐高处一览众山小，周围花团锦簇，谁会那么愚蠢地在享乐和磨难之间选择后者，再说那路途的艰险磨难会让我粉身碎骨的！”

于是，第一块石头随山溪滚涌而下，历尽了风雨和大自然的雕琢，它仍然义无反顾执着地在路途上奔波。第二块石头讥讽地笑了，它在高山上享受着安逸和舒适。

许多年以后，饱经风霜、历尽尘世千锤百炼的第一块石头成了世间的珍品、石艺的奇葩，被千万人赞美称颂。一天，人们计划为它修建一座精美别致的博物馆。石匠来到高山上，把第二块石头粉身碎骨，用来给第一块石头盖起了房子。

人生就像倒吃甘蔗，先吃味淡的，再吃甜的，整个甘蔗都好吃。相反，如果先从最甜的吃起，后面的甘蔗吃起来就没有多少甜味了。这个倒吃甘蔗节节甜的道理对青少年来说尤其重要。因为越难得到的东西越会被珍惜，从中获得的幸福感也就越长久。青少年要先学会吃苦，才能避免陷入享乐的沼泽，更好地享受人生的快乐。

第三节　向快乐出发

人生趋乐避苦，但渴盼的快乐仿佛远在天边，逃避的痛苦常常近在眼前。不管怎样，外面云淡风轻，阳光正好，年轻人啊，收拾起行囊，趁青春相伴，向快乐出发吧。

一、知识改变命运

学习是快乐的基石。向快乐出发，必须快乐学习，丰富知识，增长才能，学会用知识改变命运。

（一）知识就是财富

李大钊说："知识是引导人们看到光明和真实境界的灯烛。"人非生而知之，而是学而知之。我们只有勤奋学习，拥有了知识，才能明白许多道理，明确人生前进的方向，用知识的财富改变自己的命运。

一位父亲带着儿子去参观梵·高故居。在看过那张小木床及裂了口的皮鞋之后，儿子问父亲："梵·高不是位百万富翁吗？"父亲答："梵·高是位连妻子都没娶上的穷人。"第二年，这位父亲带儿子去丹麦，在安徒生的故居前，儿子又困惑地问："爸爸，安徒生不是生活在皇宫里吗？"父亲答："安徒生是位鞋匠的儿子，他就生活在这栋阁楼里。"

这位父亲是名水手，常年往来于大西洋各个港口。他的儿子叫伊东·布拉格，是美国历史上第一位获普利策奖的黑人记者。20年后，在回忆童年时，他说："那时我们家很穷，父母都靠做苦力为生。有很长一段时间，我一直认为像我们这样地位卑微贫穷的黑人是不可能有什么出息的。好在父亲让我认识了梵·高和安徒生，这两个人告诉我，上帝没有轻看卑微。"

是啊！上帝没有轻看卑微，是出身卑微的人自己看轻了自己。人生除了可以继承的金钱外，还有一种必须自己亲手创造，而且可以永远传承的精神财富，那就是知识。一个人拥有了丰富的知识，也就有了别人抢不去、偷不走的精神财富。精神财富既是人生的快乐财富，又可以化为物质财富，比金钱更重要。青少年啊，请认真学习，愿你拥有丰富的知识财富！

（二）再苦也要上学

对于穷人家的孩子来说，上学读书是改变命运最重要的方法之一。这个世界上，还有很多贫困家庭的子女无力上学，这个问题需要全社会共同努力来解决。再穷也不能穷教育，生活再苦也要上学。

有一个拾破烂上大学的女孩让人感动：

2001 年 9 月，河南泌阳的高三女生高旭被北京航空航天大学录取。

高旭的爸妈早就下了岗，奶奶多病。6 岁时她缠着妈妈要上幼儿园，但家中实在没钱。小小的高旭知道，将来想考进大学，靠父母是不可能了。她发现，拾破烂的老婆婆一天能挣好几块钱，于是就背起编织袋拾起了破烂。几个月下来竟挣了 100 多元，凭自己的钱踏进了小学校门。从此一直到高中毕业，高旭每天都提着一个编织袋。课余时间就在教室里、学校垃圾箱里捡废纸，上学、放学路上沿路捡破烂，假期里更是到处跑着去“拾荒”。她还把捡到的没有写字的废纸挑出来，放在枕头下面压平，装订成作业本使用。

十几年来，高旭上学靠的全是自己卖破烂挣的钱。而且，她学习十分刻苦，以优异的成绩升入初中、高中。2000 年 9 月，她参加了第 17 届全国中学生物理竞赛，获河南赛区第二名的好成绩。2001 年高考刚结束，她就马上开始拾起破烂。有记者闻讯采访时，亲眼目睹她一天就给附近的废品收购站送了三趟破烂，身上的衣服被汗水浸透。高旭对记者说，她要趁这段时间多捡些破烂，凑够上学的几千元学费。

十多年过去了，不知故事的主人公过得好不好？读到这个故事，让我想起自己贫穷却快乐的童年。小时生活条件十分差，上学读书是件快乐的事，这让我养成了乐学的习惯，并对现在并不富足的物质生活十分满足。伽利略说：“生命有如铁砧，愈被敲打，愈能生出火花。”人生早年受点苦难并非坏事，因为只有体验过人生的艰难，才能真正体会到生命的快乐。

（三）活知识是智慧

上帝让所罗门从金钱、权力、智慧中选择一样。所罗门毫不犹豫地选择了智慧。他凭着智慧生产、经商，使自己富可敌国。同时，他又乐善好施，济公好义，深得民心。当老国王因病去世时，国内的百姓都推举所罗门做希伯来人的国王。凭着智慧，他使人民安居乐业；征战四方，使得他在位的时期成了希伯来历史上最辉煌的历史。

智慧是对事物能迅速、正确、全面地理解和解决的能力。青少年在书本中学到的知识，必须在工作和生活中反复实践，做到灵活运用，才能形成人生智慧。

有位技术一流的渔夫，被渔村里的人们尊称为渔王。然而，年迈的渔王却非常苦恼，因为三个儿子无人能够继承他的技术。

他苦恼地对朋友说：“真不明白，为什么我的技术这么好，这三个孩子却没一人继承我的捕鱼天分？就算没有天分，在孩子懂事后，我便开始把所有的技术教给他们，从最基本的织网、划船、撒网等，每一项技术都毫不保留地教授，其他像潮汐、海面鱼汛等经验，更是花了许多时间教他们。但是，他们好像完全无法领悟，三个孩子如今的能力还比不上其他村民。”

说到这时，朋友问他：“你是怎么教他们的？”

渔王说：“为了让他们学会这些技术，我教得非常仔细啊！我还画图给他们看，请人帮我记录在纸上，要他们一一背诵。”

朋友又问：“那么，你是一直跟着他们吗？”

渔王说“当然啊！为了让他们能正确无误，我可是很辛苦地从小跟在他们身边，一步一步地教啊！”

友人摇了摇头说：“难怪他们无法领会了。你只传授他们技巧，却没有让他们实际尝试。从失败中获得教训，他们才能从经验里学会技巧应用，并找出更适合自己的解决方法。”

相同的经验，因为每个人悟性不同，会有不同的体会。而且经验必须靠自己亲身体验，才能上升为智慧，成为一种广泛适用的能力。青少年要树立“大学习”理念，终生全面学习，活学活用书本知识，努力成就人生大智慧。

二、播种快乐种子

种瓜得瓜，种豆得豆，这是朴素的道理。青少年必须在人生的田园早点播种下快乐人生思想的种子，将来才会收获人生幸福的果实。

（一）命运是思想的果实

我们常说有什么样的环境，就有什么样的人生。环境影响人，这是事实，但人生的命运是自己思想的果实，这才是真理。因为思想是行动的指挥官，并且不断产生创造的力量，指引人生前进的方向，最终把我们变成自己心中那个人。

有个人嗜酒如命且毒瘾很深，好几次饮酒差点丧命。一次，他在酒吧里与人打斗，伤了人命，被判死刑。

他有两个儿子，年龄相差一岁。其中一个跟父亲一样有很重的毒瘾，靠偷窃和勒索为生，也因犯了杀人罪而坐牢。另外一个儿子大不一样，他担任一家大企业的分公司经理，有美满的婚姻，有两个可爱的孩子，既不喝酒更未吸毒。

为什么同出于一个父亲，在完全相同的环境下长大，两个人却又有着截然不同的命运?

有媒体好奇，派记者去访问。记者分别找到兄弟二人，问造成他们现状的原因。二人竟是同样的答案：“有这样的父亲，我还能有什么办法?”

思想决定命运。这是因为思想影响行动，行动产生结果，结果成为命运。现实生活的幸运与困厄，不在于降临的事情是好是坏，而要看我们如何认识和处理。如果像孔子说的“三人行，必有我师，择其善者而从之，其不善者改之”的话，逆境就是激励人生奋进的力量；相反，随波逐流，追逐眼前利益，贪图感官享乐，就必然在自然人性的作用下慢慢堕落，最终万劫不复。

（二）不要“心苦”，要辛苦

爱默生说：“不要在墙上挂令人心情沉重的图片，谈话时也不要讲到那些不幸的令人忧郁的事情。”生活中有苦有乐，就像天气有晴有雨。把欢乐和大家分享，把痛苦独自承担，这是坚强的表现。远离忧虑，少发牢骚，坚持向前看，勤奋工作，快乐生活，就会得到幸福。

电视台在做一档谈话节目——一对老夫妻已经结婚60年，他们相濡以沫，即使在最艰难的日子里，也从没有分手。

老大爷说，“文革”期间，自己被“流放”到北大荒，一呆就是8年。老伴儿一个人带着4个未成年的孩子苦挨……

主持人不失时机地把话筒对准老大娘：“在这么大的生活压力下，你有没有产生过要和老大爷‘划清界限’的想法？”

“没有。”老大娘直截了当地答道。

“请问大娘，您当时是怎么熬过来的呢？”主持人再次将话筒递过去。

“其实，当时真的没觉得有什么，日子一下子就过去了。”

“那么，您当时又当爹又当妈，是不是感觉很辛苦，甚至有怨言？”主持人循循善诱。

老大娘笑了：“小伙子，我知道你想要我说什么。不过我真的没什么可说的。要说累，确实很累，可是我坚信自己的老伴儿不是他们说的那种坏人，他早晚会回来的。我感觉自己有盼头，因此不感觉苦。”她指了指自己的胸口，继续说道：“人们总说辛苦辛苦，辛苦的‘辛’不是这个‘心’嘛……”

她的话还没有说完，台下已经一片掌声！

这是一个历经艰辛的人的经验之谈，只要“心”不苦，再多的辛苦也不会“累”——那是休息一晚就可以解决疲乏的“累”。辛苦不一定苦，更多包含勤劳的快乐；心苦才是真苦，即使什么事也不做。事实上，人生最大、最多的快乐就存在于辛苦的学习和工作中，只要我们坚持快乐奋斗，就将收获幸福的人生。

（三）播种快乐思想的种子

一个人一生是收获甜蜜的果实，还是苦涩的果实，取决于播下的种子。青少年啊，请在心灵的土壤播种下快乐人生思想的种子，并用青春的汗水去浇灌，快乐就会在心田里发芽，慢慢长大开花，结出人生幸福的果子。

在一片树林里生活着母子两只猴，它们遇上了百年不遇的干旱，赖以生存的食物少得可怜。为此，母亲整天愁眉苦脸、寡言少语、闷闷不乐的，而她的孩子却活蹦乱跳、有说有笑，整天在地上兴致勃勃地极为认真地玩着“播种”的游戏。母亲没好气地问：“你这是在干什么呢?”孩子欢快地回答：“我在播种快乐啊！”母亲想了想，笑了。从此，母子俩相依为命，凭着一种乐观的精神，顽强地生存了下来。不久雨季来临，树林里又生机盎然。母子俩幸福温馨地生活着。他们用快乐的心情拯救了自己。

快乐幸福的果实就生长在我们每个人心中的无忧树上。具有快乐思想的人，能随时随地发现人生各种快乐，享受人生的幸福。缺少快乐思想的人，稍遇挫折就悲观失望，怎能得到人生的幸福？青少年朋友们！青春是放飞理想的季节，快快扬起理想的风帆，朝着终生奋斗的目标，迎着朝霞，劈波斩浪，快乐起航吧，成功的彼岸就在前方。

三、乐享和谐生活

人生像花，仔细欣赏，更觉美丽非凡；人生似茶，细细品味，清香浸入心房。生活啊，它是快乐学习、快乐工作、快乐生活酿成的一杯美酒，在和谐圆融中陶醉心头！

（一）甜蜜的和谐生活

和谐生活是以人的全面自由发展为根本目的，统筹协调学习、工作和日常生活间的相互关系以及调和人与人之间、人和社会之间、人与自然之间相互和谐发展的新生活模式。

和谐生活是快乐人生最好的朋友。认真享用生活中的快乐，明确前进的方向，补充好前进的能量，调整好前进的步伐，才能更轻松更快捷地走向成功。

三只毛毛虫，从很远的地方爬来。它们准备渡河，去对面开满鲜花的地方。

一只毛毛虫说："我们必须先找到桥，然后从桥上爬过去，只有这样，我们才能抢在别人的前头，占领含蜜最多的花朵。"

另一只毛毛虫说："在这荒郊野外，哪里有桥?我们还是造一条船，从水上漂过去，只有这样，我们才能尽快到达对岸，喝到更多的蜜。"

最后一只毛毛虫说："我们走了那么多的路，已经疲惫不堪了，现在应该静下来休息两天。"

三只毛毛虫各执一词，无法统一意见，只好各行其是。主张休息的毛毛虫爬上一棵树，找了片叶子躺下来。树叶在微风吹拂下像婴儿的摇篮，河里的流水声如同摇篮曲，毛毛虫很快就睡着了。

不知过了多久，一觉醒来，毛毛虫发现自己变成了一只美丽的蝴蝶。它扇动漂亮的翅膀，轻盈地飞过了河。此时，花正艳，蜜正浓。它想念另外两个伙伴，可是飞遍所有的花丛都没找到。因为一个伙伴累死在路上，另一个葬进了波浪。

青少年朋友们，给学习加油的最好方法，就是充足的睡眠、营养的饮食、充分的运动和必要的休闲娱乐，加上科学的学习方法和高效率，绝不是头悬梁、锥刺股，更不需要三更眠五更起。

（二）享受诗意的人生

一个人不论天资、贫富、贵贱，只要终生不懈挖掘智慧金矿，勤勉地创造财富并虔诚地奉献给社会，同时乐享和谐生活，这样的人生就是精彩美妙的一生，快乐幸福的一生，富有诗意的人生。

诗意的生命像美丽的花朵，摇曳多姿；美丽的生命是和谐的乐曲，宛转悠扬；和谐的生命像奔流的江河，滚滚向前。人生永远不要停下前进的步伐，但也永远不要因为赶路忘记欣赏沿途美景。

苏格拉底和拉克苏相约，到很远很远的地方去游览一座大山。据说，那里风景如画，人们到了那里，会产生一种飘飘欲仙的感觉。

许多年以后，两人相遇了。他们都发现那座山太遥远太遥远，就是走一辈子，也难到达那个令人神往的地方。

拉克苏颓丧地说："我用尽精力奔跑过来，结果什么都不能看到，太叫人伤心了。"

苏格拉底掸了掸长袍上的灰尘说："这一路有许许多多美妙的风景，难道你都没有注意到？"

拉克苏一脸的尴尬神色："我只顾朝着遥远的目标奔跑，哪有心思欣赏沿途的风景啊！"

"那就太遗憾了。"苏格拉底说，"当我们追求一个遥远的目标时，切莫忘记，征途处处有美景！"

人生在世，成就伟大目标的毕竟屈指可数，绝大多数人将面临重重关山险阻，但只要换一种思路，时刻保持快乐的心情，我们就会体味到一路上大自然无穷的乐趣：冬日温暖的阳光、夏日凉爽的清风、旱季久违的甘霖、秋夜明亮的月光，眼前的一朵小花、一片绿叶、一泓清泉、一声鸟鸣，皆充满诗情画意，协奏出平凡人生华美的乐章。青少年朋友，一定要学习、生活两相宜，除了勤奋学习书本知识外，还要坚持在生活大课堂中快乐学习，努力把辛苦的学习变成一种美妙的诗意生活。

第二章　笑对成长的烦恼

第一节　乐观看待人生磨难

我们常常感叹“人生不如意事十有八九”，仿佛自己的生活总是有太多的风雨而缺少阳光，仿佛自己的人生历程总是痛苦与悲伤相伴。但是，很可能有一天，我们蓦然回首，才发现那些人生路上跛脚的沙子经过岁月的蚌藏竟成了珍珠，原来走过的所有坎坷路都连接着一个美丽的成功梦想。所以，我们要乐观看待人生磨难，在磨难中炼就召唤成功的力量。

一位猎人在高山之巅的鹰巢里，抓到了一只幼鹰。他把幼鹰和鸡一起喂养。

幼鹰渐渐长大，羽翼丰满了，主人想把它训练成猎鹰。可是，这只鹰由于终日和鸡混在一起，已经变得和鸡完全一样，根本没有飞的愿望了。猎人试了各种办法都毫无效果。

最后，猎人把鹰带到山顶上，将它一把扔出去。这只鹰像块石头似的直往下掉，求生的本能让它拼命地扑打翅膀，就这样，它终于飞了起来！

磨难是一座通向成功人生的桥梁。磨难使我们在理想的召唤下，从现实出发，在痛苦和挫折中洗涤灵魂、锤炼意志、丰富经验，从而开启智慧之门，最终到达成功的彼岸。

一、欣赏坎坷道路的风景

人生的道路不可能只是宽阔平坦的大道，还有曲折盘旋泥泞不堪的小路。要在自己的人生历史上留下精彩的有价值的足迹，就必须坚强地努力、积极地进取，在困难中坚持不懈地跋涉。“人生就是戴着脚镣跳舞”，这句话告诉我们要在劳顿和痛苦中体验生命的精彩和美妙，学会苦中作乐，才能坚持走下去，赢得精彩的人生。

鉴真和尚刚刚剃度进入空门时，寺里住持让他做了谁都不愿做的行脚僧。剃度一年多，他就穿烂了十多双芒鞋。鉴真觉得自己太辛苦，心中暗暗不服，带着那些破芒鞋去问住持：“我是不是该为庙里节省些鞋子？”

住持明白他的意思，微微一笑说：“昨天夜里下了一场雨。你随我到寺前的路上走走看看。”

在寺前泥泞不堪的黄土路前，住持拍着鉴真的肩膀问：“你是愿意做一天和尚撞一天钟，还是想做光大佛法的名僧？”

“当然是想做光大佛法的名僧。”鉴真毫不犹豫地答道。

住持指着泥路笑着问：“你能在这条路上找到自己昨天走过的脚印吗？”

鉴真疑惑地说：“昨天这路是干的，小僧哪能找到自己的脚印？”

住持又笑笑说：“今天，我俩在这路上走一遭，你能找到你的脚印吗？”

鉴真说：“当然能了。”

住持听了，微笑着说：“只有泥泞的道路才能留下脚印啊。”

鉴真大悟，叩头称谢。

没有风浪不是大海，没有坎坷不是人生。漫漫人生路，逆境满征途。人生也只有经历坎坷，生命才会深刻。利用逆境学习进步，生命的意义将不同寻常。重耳由一个贪图享乐、养尊处优的贵族公子，成为春秋时代显赫一时的霸主，正是由于他在国外流亡19年的经历中所遭受的磨难，给了他智慧、经验和力量。流亡中屈辱、困苦的体验，使他明白了身在宫廷、耽于逸乐所不可能明白的人生真谛。

人生路上，面对千山万水、重重难关，既要努力闯关，还要尽情欣赏沿途美景。在困难面前，胆小的人畏缩不前，勇敢的人直面挑战，智慧的人品味艰险。这时，可以暂缓前进的步伐，静心呼吸崎岖小路两边花草的芳香，欣赏名山大川的雄伟俊秀，享受大自然给予自己内心的快乐，让生命更从容一些、自信一点。山重水复疑无路，柳暗花明又一村。也许不用太久，我们就能看到风雨后的彩虹，摘到生命的甜果。

安妮是一位从小就患脑性麻痹的女孩，没有肢体平衡感，缺乏发声能力，甚至不会说话。由于长期受疾病困扰，举止极为不便，有时会挥舞着她的双手，偶尔口中也会咿咿呀呀，不知说些什么。但她的听力很好，只要对方猜中并且说出她的意思，她就会乐得大叫一声，伸出右手，用两个指头指着你，或者拍着手，甚至会歪歪斜斜地向你走来，送给你一张她用自己的画制成的明信片。

这样的女孩，她的成长必然充满艰辛。但是，谁能想象得到在这种情况下，她依然保持着一颗自信心，凭借自己的奋斗，获得了美国普林斯顿大学的艺术博士学位呢？

一次，有一个学生小声问她："请问安妮博士，你从小就长成这个样子，你怎么看自己？你没有过怨恨吗？"

安妮用粉笔在黑板上重重地写道：我怎样看自己？然后停下笔来，歪着头，回头看了那位发问的同学。她嫣然一笑，又回过头来，在黑板上龙飞凤舞地写下了以下内容：

1. 我好可爱！
2. 我的腿很美！
3. 爸爸妈妈很爱我！
4. 上帝这么爱我！
5. 我会画画！我会写稿！
6. 我有只可爱的猫！
7. 还有……

教室里立刻一片寂静，鸦雀无声，再没有人讲话。她坚定地看着大家，最后在黑板上写下她的结论：我只看我所有的，不看我所没有的。掌声马上响起。安妮倾斜着身子站在台上，满足地微笑着，她的脸上呈现出一种永远不被命运击败的自信和快乐。

人人都喜爱鸟语花香明媚的春天，渴盼人生处处是燕舞莺歌，可人世间怎会少得了“淫雨霏霏”？懂得珍惜生命的人，能时时处处发现使自己快乐的理由；善于营造生活的人，就会源源不断地尝到快乐的甜头。这些拥有快乐姿态的生活者，愿意从享受生命的角度出发，站在一个欣赏和品味人生的高度，乐观从容地迎接一切压力、痛苦和失落。他们只把人生的坎坷视作生命乐章里的低音符，而绝不是休止符！快乐的进行曲是他们生命里永恒的主旋律。

二、学习挫折的智慧

苏格拉底说：“患难及困苦，是磨炼人格的最高学府。”当我们在学习中受到老师的批评时情绪低落，在生活中遇到别人误会时感到委屈，失去亲人朋友时伤心痛哭，这些表现都很正常。但是一定要知道，在不幸的境况中必须更加坚强，必须尽快从痛苦沉沦中奋起，继续勇敢地往前走，并从这些人生的不如意中学到知识和智慧，努力去寻找自己的快乐，才是最好的解脱。

“文革”中，有两位音乐家被下放到农村饲养牲口。

一位音乐家无法面对生活的巨大反差，整天唉声叹气、闷闷不乐，几年后就忧郁而终。

另一位年纪较大的音乐家，十年后被平反回来。人们惊奇地发现他并没有憔悴衰老，因此问他有何秘诀。他说：“农村的生活虽然比以前枯燥单调些，但是我自找乐趣，每天都用 4/4 拍节奏铡草工作，轻轻松松就过来了。”

人生在世，无论是智愚、善恶、贫富、贵贱，都会遇到各种各样的不幸。但是，没有永远的不幸者，也没有永远的幸运者。乐观面对生活的挫折，平和地面对快乐和痛苦，无论顺境、逆境，都以快乐的心态面对，生活就充满希望的阳光。

莎士比亚告诉我们：欢乐由逆境产生。但是要明白，逆境绝不会自动跑出欢乐来，只有用积极的行动把困难转化为激励人奋斗的强大力量，坏事才能变成好事。威廉·华德说得好："不幸使某些人破灭，却使另一些人破记录。"请把生活中的挫折当做我们重新塑造自己的契机，以更好的姿态和精神面貌走向明天。

有两个孩子，一个喜欢弹琴，想当音乐家；一个爱好绘画，想当美术家。很不幸，想当音乐家的孩子，耳朵突然聋了；想当美术家的孩子，眼睛忽然坏了。孩子和他们的亲人都十分痛苦，埋怨命运的残酷。

一天，有个老人前来对他们说："你俩虽然不幸，但是换一下目标，说不定会有很大成绩！"老人的一席话，让两个孩子心里顿时明亮。他们擦干眼泪，开始了新的追求。

耳聋的孩子改学绘画后，渐渐发觉耳聋不受外界干扰，能够专注绘画；眼瞎的孩子学琴后，也觉得更能集中心思弹琴。二人的技艺进步神速，很快就卓有成就，名扬四海。

世上没有完美无缺的事情，所以断臂的维纳斯最美。人生之路多坎坷，摔个跟斗别难过，爬起来，掸掸土，前方就是一片乐土。相信命运是公平的，当它把一条路堵塞时，一定会在旁边开启另一扇门。我们千万不要只去哭泣，忘了从另一道门出去。

三、摘取困境的桂冠

一个人必须经过一番刻苦奋斗，才会有所成就。我们很多时候之所以不能成功，缺乏的不是才能和机遇，而是缺乏那种在困难面前一往无前的勇气。罗兰告诉我们："要给自己内心加一点力量抵抗不如意的遭遇，而不要认为那不如意的事该先被消灭。假如一个人够坚强，懂得怎样安排自己的生活，不受外力的左右，他自然而然就是一个支配环境的人。"根浅的小树易被暴风刮倒，负重的人不会跌倒。一个强者可以很好地适应不同的环境，凭着坚强的意志，无所畏惧地尝试，稳稳地获得成功。

当然，在人的一生里，谁都会经历狂风暴雨的日子。正所谓"不经历风雨，怎么见彩虹？”要使自己的人生田野充满鲜花与芳香，就只有用心血与汗水去浇灌。俗话说“困难像弹簧，你弱它就强”。我们如果没有勇气去战胜生活中的困难，而沉湎于坎坷不能自拔，那注定是悲剧的人生。当我们和困难拼搏后，就会发觉困难不过是纸老虎，并没有想象的难斗。

一个暴风雪的早上，一向温和的欧阳老师以近乎冷酷的声音说：“请同学们穿上胶鞋，我们到操场上去。”此时，操场一片冰天雪地，矮了许多的篮球架被雪团打得“啪啪”作响，卷地而起的雪团呛得人睁不开眼、张不开口。同学们脸上像有无数把细窄的刀在划拉，厚实的衣服像铁块冰坨，脚像是踩在带冰碴的水里。大家挤在教室的屋檐下，不肯迈向操场半步。

欧阳老师没说什么，面对大家站定，脱下羽绒衣，线衣刚脱到一半，风雪就帮他完成了另一半。“到操场上去，站好！”欧阳老师脸色苍白，一字一顿地再次大声说。谁也没有再吭声，老老实实地到操场排好了三列纵队。瘦削的欧阳老师只穿一件白衬衫，衬衫紧裹着的他更显单薄。同学们规规矩矩地在操场上站了五分多钟。

在教室时，大家都以为自己敌不过那场风雪。事实上，叫他们站半小时，他们顶得住；叫他们只穿一件衬衫，他们也顶得住。这正如生命中的许多伤痛，其实并不严重，是怯懦的思想拖住了前进的脚步。

人生有许多支撑，如远大的理想、青春的恋情、宏大的事业和纯真的友谊，然而人生总有几段黑暗的隧洞要我们独自穿行。这些路上没有乐队和鲜花，我们必须学会为自己伴奏，才有勇气继续奋斗。在现实生活中，我们常常看到有的父母十分优秀，甚至十全十美，但是孩子却很平庸。相反，贫困的家庭却培养了不少杰出人物和成就大业者。正像人们常说的，温室里的花朵经不住风吹雨打，在空旷野地的花朵却分外娇艳。这主要是艰苦的环境激发了他们改变环境的雄心壮志。球王贝利在回答有关儿子能否取得像自己一样的成就时，回答说："不可能，因为他没有我幸运。他不是生长在贫民窟里。"贫困本身就具有强大的激励力量。很多有成就的人成功前都是很穷苦的，在需要的鞭策下，他们勇往直前，顽强地同困难斗争，最终取得了成功。

杰米原来是一个破产电动机厂的经理，在他破产的同时太太带着儿子离开了。

正值35岁人生好年华的杰米失去了一切，没地方住，没钱吃饭，几天几夜不吃不喝很快就将他折磨成了乞丐。他索性睡在地铁的入口处，以拣破烂为生。他白天拣可乐空瓶去卖，晚上就对白天的工作进行认真总结。很快，他就养成了很好的工作方式和方法，并用拣破烂的2700澳元逐步发展成拥有58亿美元的富翁。

在回首往事时，他说："回顾我的成功，如果没有那一次破产的打击，我绝不会意识到那些决定成功的因素。例如：怎样面对打击和痛苦？怎样用痛苦与失败激励明确奋斗目标？怎样很好、很有效地利用每一分钱？我需要弥补什么？等等。"

苦难立壮志，坎坷增阅历，失败长经验，逆境添勇气。一个人成就的大小往往和经历过的坎坷苦难成正比。纵观古今中外，在事业上有所建树成大器的，大都有磨难的经历：越王勾践卧薪尝胆，终成灭吴兴越之志；曹雪芹举家食粥而作《红楼梦》；贝多芬用苦难谱写了震撼人心的《第九交响曲》；屈原放逐，乃著《离骚》；文王拘而演《周易》……这些杰出人物在一个伟大的目标支撑下，如烈火真金，愈炼愈坚；像野外小草，春风吹又生；似傲雪寒梅，在严寒中飘香。人没有经历过挫折与困难，不会知道成功的滋味多么甜美。我们只要跨出自信的步伐，不管多苦多累，坚持到底，就一定能骄傲地跨进成功的殿堂。

第二节　让叛逆助推成长

青春期充满着困惑和叛逆，同时充满着求知和对美好明天的期待，是青少年快速成长的时期。祝愿青少年风雨兼程，把青春的花朵培育成快乐人生幸福的果实。

一、平安度过青春期

国际卫生组织将10～19岁定义为青春期。这是一个人由儿童到成年的过渡时期。青春期是人生困惑最多的一个年龄段。顺利度过青春期，事关青少年一生的幸福。

（一）青春期的特点

青春期是青少年身体快速发育的成长阶段，其变化主要表现在三个方面：一是身高和体重明显增加，身体逐渐发育，外形上显现出男女之别；二是人体内的器官和组织发育成熟，机能发育达到高潮；三是心理发生急剧变化，知识的快速增长和主动探索与老知识和被动教育之间的矛盾达到高峰，处于幼稚向成熟的转化期，否定与求索的愿望非常激烈，自我意识日趋强烈。青春期的青少年有以下几个重要特点：

1．性发育成熟。这是青春期的标志性特征。男生性成熟的标志是遗精；女生是第一次来月经。性成熟是人生理正常发育的结果，但开始时往往让青少年不知所措，父母要及时发现和正确引导。青少年性意识萌动初期表现为疏远异性，到逐渐愿意与异性接近，或对异性产生朦胧的好感等正常的心理变化。

2．身心快速发展。青少年在青春期身体快速发育完成。这种青春期急速成长现象开始于性成熟之前或与性成熟同步，终止于性成熟后的半年至一年。与此同时，青春期的心理发生急剧变化，表现为自主意识增强，自尊心变强，渴望交流和友谊，易于冲动并富于幻想。

3．出现叛逆心理。青春期的青少年追求独立自主的愿望日渐强烈，但在许多方面，尤其在物质生活方面还必须依赖父母和家庭。这种矛盾容易使青少年产生困扰、自卑、不安、焦虑等心理卫生问题，因此在这个时期往往对现实生活采取消极反抗的态度，否定以前发展起来的一些良好品质。这种反抗倾向，会引起青少年对家庭、学校以及社会生活的某些相关要求、规范的抗拒态度和行为，甚至产生极端行为。

4. 学业负担过重。青春期的青少年不但面临一系列生理心理问题，而且面对初高中阶段的沉重学习任务。青少年在应付反抗倾向的同时，还要极力维持和保护与社会的正常关系。这一阶段的异性兴趣、异性交往、繁重的学习任务等问题给他们的身心造成极大负担，有时候甚至成为主要困惑，是青少年不快乐的主要原因。

（二）青春期的困惑

大仲马说："痛苦和寂寞对年轻人是一剂良药，它们不仅使灵魂更美好，更崇高，还保持了它青春的色泽。"青春期是身体成长定型阶段，同时是知识积累、性格定型阶段，这一时期人的心理变化很大。在这一时间段，青少年会产生很多人生困惑，在痛苦的思考和孤独的探索中慢慢长大。其中，男女情爱关系是最大的困惑，必须用理性的态度妥善处理。

国外青春期性健康教育的研究表明，强调性道德，将性知识和性道德教育有机结合起来，可以帮助青春期的青少年树立正确的价值观，在知情的前提下，做出正确的行为选择。青少年应当洁身自好，男女同学之间的交往是正常而且必要的，但必须讲究方法：广泛交往，减少个别接触机会，特别要控制初恋，避免早恋，预防怀孕、性病、艾滋病等严重损害身心健康的现象发生。家长除了关注孩子的学习成绩外，更要关注孩子的身心健康，让孩子健康成长。

一位父亲发现女儿进入青春期后，爱看男女情爱方面的书籍，一听到家里电话响就抢着接。父亲猜出女儿情窦初开，出现了早恋现象。

这位父亲和妻子反复商量后，决定对女儿进行暗示性教育。

一个双休日，一家人去花园观赏花展。父亲指着含苞待放的花蕾说："花儿按季节开放，如果人为让它们提前开放，既不香，又不能结果，很可惜的。"妻子顺势有感而发地说："你这话让我想起中学时一位同学。她本来成绩挺不错，但早早地恋爱，结果导致留级，最后不得不退学，因为文化低，现在又下岗了，生活得很艰难，真是可惜了。"

父母看似无意的话，女儿如闻惊雷，下决心从早恋中解脱出来，重新将精力投入到学习中。

青春是人生飞翔美梦的季节，它冰清玉洁，充满着遐想与和谐。正确处理好异性关系，是美丽青春和谐的重要内容。"春天就忙春天的事"，这是每个青春期少男少女都应当懂得的人生规律。少男少女的性欲望和性冲动是本能的生理现象，但通过大脑和意志力完全可以控制。青少年朋友，完全可以通过多读好书、多做善事、积极参与健康向上的文体活动等，让自己忙碌起来，生活就会变得充实和快乐，不仅将平安度过青春期的性困惑，还会学到更多的知识，增长更大的才干，为自己的美好明天积蓄更强大的青春力量。

（三）跨越青春迷途

每个人都是自己生活之舟的舵手，但驾驶青春之舟的青少年需要大人指引，才能选准航道，绕开暗礁，顺利驶向人生广阔的海洋。对孩子青春期的种种困惑，父母要用曾经的青春经历与人生智慧，遵循适时、适当、适度原则，调动孩子的上进心和主动性，引导孩子顺利度过青春期，教育他们珍惜人生、关爱生命、尊重他人，形成对自己和别人负责任的意识，把他们培养成身心健康、社会行为良好的现代文明人。

一是抵制"黄色"诱惑，树立道德防线。色情黄毒是青春期孩子健康成长的一大天敌。在信息传媒技术迅猛发展的今天，黄毒的泛滥有了越来越多的渠道，这必须引起大人的高度重视。帮助孩子树立道德意识、培养情趣爱好和追求贤达人生，是抵御黄毒的有力武器。同时，我们还要力争给孩子一片没有黄毒污染的净土。青少年则要努力做到以下几点：通过正规渠道获得科学的性知识；不要看带有色情、滥性内容的报刊、杂志、图片、网页等，减少视觉刺激；尽量不去娱乐场所，减少接触机会；尽量做自己喜欢的事，多进行体育锻炼，释放青春能量。

二是拨开网络迷雾，避免上网成瘾。网络是人们观察世界的重要窗口，对青少年具有巨大的吸引力，多梦的青少年常常将梦做到了网上。一定要明白，网络是把“双刃剑”，内容虽丰富，但良莠并存、真假难辨，对不同的青少年有不同的影响。特别是网络游戏很容易使青少年上瘾，产生巨大危害。青少年如果沉溺于网络中，必定严重损害身心健康。家长对上网成瘾的青少年既不能强堵，更不可赌气不管，而要注重疏导。陪孩子一起上网，帮助孩子利用网络好好学习，是一种较好的方法。在网上陪孩子玩一些健康的游戏，锻炼他们的挑战精神、反应速度及统筹分析能力等。同时和孩子共同制订上网的一些规则，逐步戒除孩子的网瘾。

三是建设学习型家庭，解决厌学难题。当代青少年学习压力空前。应试教育的升学压力让青春期的孩子厌学情绪越来越重。我们无力改变应试教育大环境，但家长至少不要再增加孩子的学业负担，而是鼓励孩子发展爱好，同时通过建设学习型家庭，培养孩子乐学精神。当全家人共同学习时，学习就成为孩子的一种享受，厌学的情况就不会出现了。

四是“陪”孩子一起追星，树立正确偶像观。青少年追星源于成长的心理需要。适度追星是青少年成长的一种力量，但有些青少年，过分迷恋偶像，投入太多时间和精力，造成精神涣散，成绩下降，给成长带来负面影响。父母要关心了解孩子，可先和孩子一起追星，引导孩子了解明星成功背后付出的艰辛和努力。择机为孩子提供一些科技精英、商界骄子、文学泰斗、政坛领袖的成长故事，使孩子扩大视野，纠正对歌星、影星等“偶像崇拜”的盲目现象，使他们有所比较，选择德才兼备的偶像，确立学习的榜样。

二、理性对待叛逆

叛逆多指反叛的思想和行为，即有意识地违背他人的本意，做出一些出乎意料的事。叛逆在青春期普遍存在，这是青少年追求“长大了”的感觉，标新立异，希望引起别人注意的表现。但是，过强的叛逆心理对青少年正确人生观的形成和身心健康发展却不利，会导致青少年出现对人对事多疑、偏执、冷漠、不合群等病态性格，使之精神萎靡、学习被动、意志衰退、理想泯灭等，严重的还可能向病态心理或犯罪心理转化。

（一）学点青少年心理学

莎士比亚说：“青春的特征乃是动不动就要背叛自己，即使身旁没有诱惑的力量。”青少年产生叛逆心理的原因很多，包括父母不恰当的教育、功利的学校教育以及大众传媒对个人英雄主义的渲染等，都会让青少年产生叛逆心理。我们学点青少年心理知识，学会和青少年面对面交心谈心，就容易避免孩子叛逆。

一把大锁挂在铁门上，一根铁杆费了九牛二虎之力，还是无法将它撬开。钥匙来了，它瘦小的身子钻进锁孔，只轻轻一转，那大锁就“啪”地一声打开了。铁杆奇怪地问：“为什么我费了那么大力气也打不开，你却轻而易举就把锁打开了呢？”钥匙说：“因为我最了解他的心。”

我们一定要牢记：进入心灵是人际沟通的金钥匙！青少年进入青春期，独立自主的愿望和要求越来越迫切，试图摆脱双亲、老师的束缚，对大人过多的关照和限制表现出不满甚至反抗，这种叛逆行为对成长来说并非坏事。大人必须适应孩子的变化，改用平等和民主的姿态与青少年交往，像朋友那样交流，缩短与孩子的心理距离，帮助他们培养独立自主、自强不息的精神，让青少年健康成长。

（二）叛逆是成长的历程

青春是激情燃烧的岁月，叛逆要么是成长的力量，要么是毁灭人生的烈焰。大人要和青少年一起度过青春期这段最灿烂、也最纠结的人生历程。

有这么一个女孩的成长故事：

望女成凤的父母对她寄予厚望。从小报名参加这个班、那个班，钱花了不少，她却什么也没学精。高考的时候，连大专的分数线也不够。父母只好又花钱把她送到一所民办的学校学习外语。可是，她厌学厌到经常逃课，混到毕业，连毕业证书都没拿到。

父母托人给她找了家做机电设备业务的公司上班。有一次，一个客户打电话问她某某型号的泵的重量是多少。她不知道，便问一位同行。同行支吾着说："我也不知道。"她又问另一位同行，得到的回答也是"不知道"。

同行异口同声的"不知道"引起了她的好奇心。她找来所有有关泵的资料，并实地到厂家考察，把所有型号的泵的重量、性能等都记录下来。很快，她成了这个行业的精英。她的兴趣由设备扩展到技术术语，再由技术术语扩展到外语语法。渐渐地，她的外语水平和技术知识在公司里无人能及。

后来，她考上了研究生，拿到了硕士学位。

青春期正是青少年发展判断力的良好时机，他们的主见、胆识、坚韧不拔的精神意志在这一时期养成。因此，做教师、家长的，发现青少年产生了"叛逆"情绪的时候，应该感到欣慰，进而帮助青少年过好这一关。可惜现实中更多的父母就像故事中女孩的父母一样，为了孩子的成长不惜付出一切代价，结果却是孩子不领情，处处对着干，主要原因就在于忽略了青少年的逆反心理。大人硬塞给孩子的东西，哪怕再好他也不会珍惜；而对不容易得到的东西，却千方百计想得到。防止孩子产生严重逆反心理最好的方法，就是鼓励孩子做自己喜欢的事。只要是无损孩子身心健康的事，孩子喜欢干啥就鼓励他们勇敢去做。父母最重要的职责是培养孩子爱学习、爱思考、爱劳动等良好习惯，引导孩子走正道，引领孩子全面自由发展就好了。这样做，不仅能够有效防止青少年产生严重的逆反心理，也是帮助孩子健康快乐成长的关键。

（三）尊重孩子的个性

人的个体差异客观存在。奢想每个孩子每次考试都拿高分不仅不现实，而且没有必要。社会需要各种各样的人才。“三百六十行，行行出状元。”每个孩子都有独特的天赋特长，都可以成长为某个方面的人才。我们应当尊重孩子的个性，着力发展青少年的天赋特长和爱好，这才符合自然大道，让每个孩子适得其所。

有一群弟子去朝圣。师父拿出一个苦瓜，对弟子们说：“随身带着这个苦瓜，记得把它浸泡在每一条你们经过的圣河，并且把它带进你们所朝拜的圣殿，放在圣桌上供养，并朝拜它。”

弟子朝圣走过许多圣河圣殿，并依照师父的话去做。

回来以后，他们把苦瓜交给师父。师父叫他们把苦瓜煮熟，当作晚餐。

晚餐的时候，师父吃了一口，然后语重心长地说：“奇怪呀！泡过这么多圣水，进过这么多圣殿，这苦瓜竟然没有变甜。”

弟子听了，好几位立刻开悟了。

俗话说：江山易改，本性难移。人的个性源于天性，可以改良，却难真正改变。就像故事中的苦瓜一样，不会因圣水浸泡和圣殿朝拜而改变。而且人生在世，没有了个性，便失去了自己，失去了生存的意义。同为名山：华山险，泰山雄，黄山奇，峨眉秀。“险”、“雄”、“奇”、“秀”，就是这些名山不同的个性。山如此，人亦然。画家的个性挥洒在作品的线条里；诗人的个性倾注在作品的感情里；青春的个性藏在青少年五光十色的梦想里。现行教育的悲哀就是单一的教学评价模式，把所有本来具有无限发展可能性的孩子塑造成统一的样子。尊重孩子的个性，发展青少年的天赋特长，才是父母老师应该努力的地方。这不仅让孩子们快乐成长，也为他们今后的幸福生活指引了方向。

三、健康快乐长大

青春如一首进行曲，奏响前进的主旋律；青春像一本厚重的书，记录青少年奋斗的脚步。梦幻般的青春更像安徒生的童话，灿烂、理想、美丽的花，帮助青少年健康长大。

（一）合理期待全家乐

莫扎特说：有许多人是用青春的幸福作成功的代价的。父母望子成龙、望女成凤，这是美好的愿望。但是生活平凡而真实，人类数千年，只有极少人留名青史。建功立业虽是人们前进的力量，脱离实际就将成为人生痛苦的根源。

有两个水桶，一个完好无缺，另一个有裂缝。每次挑水，好桶总能将满满一桶水从溪边送到主人家中，有缝的桶只剩下半桶。好桶因此很自豪；破桶则很难过。

一天，破桶终于忍不住对挑水工说："主人，你把我扔了吧。我很惭愧，每次都将你的劳动果实损失过半。"

"不忙，"挑水工想了想回答说："以后在挑水的路上，你留意路旁盛开的花朵。"

他们走在山坡上，破桶眼前一亮，看到了缤纷的花朵开满路的一旁。挑水工温和地说："你注意到小路只有一边有花吗？我明白你有缺陷，因此在你回家那边的路旁撒了花种，每回我从溪边来，你就替我一路浇了花。两年来，这些美丽的花朵芬芳了家里的餐桌！"

有关调查统计表明，父母智商高，孩子往往也高；父母智力平常，孩子常常也一般。智商有高低，志趣各不同。对孩子的学业，我们要合理期待，不能以分数论英雄。要知道，考试需要高分，但工作更需要高素质。这个社会上最终做出大事业的人，他们的学业并不一定出色。只要我们的孩子热爱学习，和同学融洽相处，积极向上，生活得快乐就够了。聪明的父母理性对待孩子，清楚孩子的优缺点，并因势利导，扬长避短，发挥孩子的兴趣和爱好，轻松把孩子培养成才，帮助孩子赢得美好的未来。

（二）科学对待孩子的错误

每个孩子都会犯错，这并不可怕。IBM 的创始人华特生说：“成功的法则，就是把犯错的速度提高一倍。”每个人都是在错误中长大，在失败中获得成功的。对待青少年的过错，更要用爱和宽容去感化，慎用批评和处罚，这样做的效果更佳。

在著名教育家陶行知身上，曾发生过一个《四块糖》的故事，是变批评为鼓励很好的案例：

陶行知在任小学校长时，有一次在校园见到一个学生向另一个学生扔石块。他当即制止了那个学生，并让他下午两点到自己办公室去。

下午，不到两点，学生就来了。陶行知热情地请他坐下，并给了他一块糖，说：“你很准时，这块糖是奖给你守时的。”

学生正在惊讶。陶行之又给了他一块糖，说：“我制止你时，你能立刻住手，这说明你尊重我，再奖你块糖。”

接着他又拿出第三块糖给这个学生说：“听说你打人是因为他欺负女同学，你的行为属于见义勇为。你有与坏人做斗争的勇气，我再奖励你一块糖”。

学生听到这哭了，说：“老师，我错了。他不是坏人，是我的同学啊！”

陶行之笑了，又给了他一块糖，说：“你自己已经认识到了错误。我再奖励你一块糖。”

陶行知曾告诫教师：“你的教鞭下有瓦特，你的冷眼中有牛顿，你的讥笑中有爱迪生。”教师当以满腔的爱去塑造学生美好的心灵，巧妙地指出青少年的错误。用赞美代替批评，是教育的智慧。

（三）着力支持和赞美

得到认可和赞美是人内心的需要。帮助青少年发展兴趣，赞美他们的进步，对青少年的健康成长有极大的帮助。在赏识中长大的

青少年，更容易爱人爱己，培养健康的心理，人生的态度也更积极。

美国总统约翰·卡尔文·柯立芝，发现他的女秘书长得非常漂亮，但工作经常出现差错。一天早晨，柯立芝看见女秘书走进办公室，便对她说：“今天你穿的这身衣服真漂亮，正适合你这样年轻漂亮的小姐。”女秘书受宠若惊。柯立芝接着说：“但你不要骄傲，我相信你处理公文也能和你一样漂亮。”果然从那天起，女秘书处理公文时很少出错。

一位朋友知道了这件事，好奇地问柯立芝：“这个方法很妙，你是怎样想出来的？”

柯立芝说：“这很简单，你看见理发师给人刮胡子吗？他要先给人涂肥皂水。这是为什么呀？就是为了刮起来使人不疼。”

远古时候，塞浦路斯国王皮格马利翁喜爱雕塑。一天，他成功雕刻了一个美女像，爱不释手，每天以深情的眼光观赏不止。看着看着，美女竟活了，成了他老婆。这就是著名的“皮格玛利翁效应”。它告诉我们：赞美、信任和期待具有一种巨大的能量，它让对方变得自信、自尊，获得一种积极向上的动力，并尽力达到对方的期待，以避免对方失望。每个孩子都是人间的一个奇迹，我们只要支持青少年做自己喜欢的事，真心赞美他们的进步，就能帮助他们快乐成长，取得了不起的成绩。

第三节 飞 翔 梦 想

生命之舟不能没有梦想的风帆；梦想的风帆是全人类的幸福；理想人生最快乐的时光便是对幸福梦想的追逐。

一、有梦才有明天

梦想是值得我们终生去奋斗的理想，是灵魂的力量。心存梦想，机遇就会来临；追逐梦想，成功就来叩门。

（一）带梦想上路

人要活得快乐、有意义，必须有梦想。失去梦想的日子，灵魂游荡在世俗的天空，很快变得平庸。因此，人在旅途，任何时候都不要忘记带着梦想赶路。

有一对兄弟，住在 80 层高楼。有一天，他们旅行回家，发现大楼停电了！哥哥说，我们就走楼梯回家吧！于是，他们背着两大包行李开始往上爬。爬到 20 楼的时候，哥哥说："东西太重了，真累人。这样吧，我们把包裹暂时放在这里，等有电后再来拿。"于是，他们把行李放在 20 楼，轻松向上爬。

哥俩有说有笑，很快爬到了 40 楼。两人又累了。想到才爬了一半，他们开始互相抱怨对方不注意大楼的停电公告，才落得如此下场。

兄弟边吵边爬来到 60 楼，累得连吵架的力气也没有了。哥哥说，"我们不要吵了，爬完它吧。"于是他们默默地继续爬楼。

第 80 楼终于到了！兄弟俩此时才发现他们把房间钥匙留在 20 楼的背包里了。

细想我们的人生就是这样：20 岁以前，活在家人、老师的期望之下，虽背负着学业等沉重包袱，但梦想的力量支撑我们昼夜赶路。20 岁后，我们卸下了包袱，开始在世俗生活中追逐功名，不知不觉中忘掉了梦想。人到中年，回首时青春已逝，身心开始疲惫，不免产生许多的遗憾和追悔，在庸碌无为中混到了退休。到了 60 岁，发现人生已所剩不多，开始享受夕阳人生。一直到了生命的尽头追悔人生，才想起好像曾经有梦。原来，我们把梦想早早地留在了美丽的青春岁月。

青春是青少年梦想开花的季节，但梦想花朵却很容易在世俗生活中凋谢。人生没有回程路，要活得精彩，不管前进的道路多么坎坷辛苦，都要带着梦想，大踏步去追赶自己的幸福。

（二）明确梦想目标

明确梦想的目标，指引前进方向，帮助青少年直达成功彼岸。

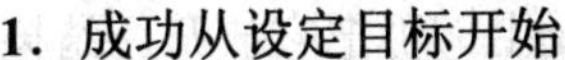

1．成功从设定目标开始

罗盘指引航船破浪前行；铁轨导引列车奔驰千里；目标引领我们在成功的大道上快乐前进。

美国耶鲁大学进行了一次跨度20年的跟踪调查。最早，研究人员对参加调查的学生提了一个问题："你们有目标吗？"90%的学生回答说有。研究人员接着问："你们是否把目标写下来了呢？"这时，只有4%的学生回答说："写下来了。"

20年后，耶鲁大学的研究人员跟踪当年参加调查的学生。结果发现，那些用白纸黑字写下目标的4%的学生，无论是事业发展还是生活水平，都远超其他学生。他们创造的价值甚至超过其他学生的总和。而其他96%的学生整天忙忙碌碌，一辈子都在直接或间接地帮助那些目标明确的4%的人实现他们的理想。

一位哲人说："伟大的目标构成伟大的心灵，伟大的目标产生伟大的动力，伟大的目标形成伟大的人物。没有远大的目标会使人失去动力！没有具体的目标会使人失去信心！"成功的人生，必须有明确的目标。目标给我们行动的方向和前进的力量，点亮理想的明灯，指引人们从黑夜走向黎明。

2．遵从天赋特长和爱好

每个人都有独特的天赋才能。遗憾的是，人们常常只允许孩子做奥数梦、外语梦、博士梦等高智商梦，唯分数高低评价学生的好坏，无形中扼杀了无数天才。我们要让青少年做自己梦想的主人，鼓励他们为梦想奋斗一生。

一只乌龟很羡慕老鹰飞翔的模样，希望改变一下生活方式，也想在天空中飞翔。

乌龟找到老鹰，献上许多礼物，请老鹰教它飞翔的方法。

老鹰说："你的才能适宜在大海里畅游，不是在天空自由飞翔。不要胡思乱想了。"

可是乌龟不相信，苦苦央求老鹰带它到天上飞。

老鹰不得已，只好抓起乌龟飞到天上，再把它放开。结果乌龟掉在岩石上摔死了。

盖洛普公司研究成千上万的成功案例后发现，成功者有一个共同的特点，就是懂得扬长避短。快乐成功的人生，必须遵从自己的天赋特长和爱好，做自己喜欢的事，坚持快乐奋斗，天长日久功夫深，梦想自然就成真。

（三）梦想的快乐力量

花儿之所以美丽，不只在于绚丽的色彩，更在于勤勉追求果实的梦想；梦想之所以快乐，不仅在于成功的希望，更在于渴望得到人生的幸福。幸福的梦想催促我们为了心中的理想全力以赴，这是快乐的最大秘密，同时也是实现梦想的快乐力量。

美国一位家境清贫的农村少年在 15 岁那年，写下他气势非凡的毕生愿望："要到尼罗河、亚马逊河和刚果河探险；登上珠穆朗玛峰、乞力马扎罗山和麦金利峰；驾驭大象、骆驼、鸵鸟和野马；探访马可·波罗和亚历山大一世走过的道路，主演一部《人猿泰山》那样的电影，驾驶飞行器起飞降落；读完莎士比亚、柏拉图和亚里士多德等名家的著作；谱一部乐曲，写一本书；拥有一项发明专利；给非洲的孩子筹集一百万美元捐款……"他洋洋洒洒地一口气列举了 127 项人生的宏伟志愿。不要说实现它们，就是看一看，也足够让人望而生畏。

少年的全部心思却被那一生的愿望紧紧地牵引着，并让他迅速开始了将梦想转变为现实的漫漫征程。他一路风霜雨雪，硬是把一个个近乎空想的夙愿，变成了活生生的现实。他也因此一次又一次品味到搏击与成功的喜悦。44 年后，他实现了《一生的愿望》中的 106 个愿望……

这名少年就是 20 世纪著名的探险家约翰·戈达德。当有人惊讶地追问他是凭着怎样的力量，把那许多注定的"不可能"都踩在了脚下。他微笑着回答："很简单，我只是让心灵先到那个地方，随后周身就有了一股神奇的力量。接下来，就只需沿着心灵的召唤前进了。”

人生有了梦想，我们才清楚心中幸福的天堂。梦想让我们把心思和精力紧系在追求的目标上。相反，没有梦想只能让我们在世俗的生活中沉浮，专注于避免人生的痛苦。另外，梦想还可以在痛苦时看到快乐的希望，而快乐的人生就是人间天堂。

二、美丽的幸福梦想

幸福是快乐的果实，是爱的涅槃，是人生最美的梦想。

（一）幸福是全人类共同的梦想

幸福是人类最高的追求和共同的愿望。追求全人类的幸福是无数仁人志士的理想。

希腊神话中的普罗米修斯是为人类造福而献身的神。他出于对人类的同情，为使人类免遭毁灭，把天火偷来送给人类，并把科学、艺术和医药等知识传授给人类，使人类从此能够战胜危难，并变得文明起来。他因此惹怒了众神之王宙斯。宙斯用铁镣把他锁起来，钉在高加索山的悬崖上，让神鹰每天啄食他的肝脏。普罗米修斯坚强不屈，对奉命来逼降的神使赫耳墨斯说：“我决不会用自己的痛苦，去换取你奴隶般的命运；我宁肯被缚在崖石上，也不愿作宙斯的忠顺奴仆。”

马克思推崇普罗米修斯为了人类而献身的精神，称他为“哲学的日历中最高尚的圣者和殉道者”。

很多人都熟悉保尔柯察金的一段话：

人最宝贵的东西是生命，生命属于人只有一次。一个人的一生应该是这样度过的：当他回首往事的时候，他不会因为虚度年华而悔恨，也不会因为碌碌无为而羞耻；这样，在临死的时候，他就能够说：“我的整个生命和全部精力，都已经献给世界上最壮丽的事业——为人类的解放而斗争。”

年少时，我非常欣赏这段名言；如今却想把最后一句话“为人类的解放而斗争”修改为“为人类的幸福而奋斗”。我想，一个立志为人类的幸福奋斗终生的人，将自己的幸福和快乐与大家分享，同时享受人类的一切幸福和快乐，从而得到至乐人生，这是多么幸福的一生。更为重要的是，在世界经济一体化的今天，全人类的利益已经紧密相连，人类只有在追求幸福生活的旗帜下，才能建立一个永远和平、共同繁荣和文明幸福的美好世界。

（二）幸福是人生的目的

幸福是心灵的火炉，温暖寒冷的心；幸福是生命的清泉，滋润干渴的心田；幸福是灵魂的彩笔，描绘七彩的人生。幸福比金子还珍贵，这是生活教给我们的真理。名利虽然是成功的产品，却只是人生的副产品，幸福才是生命最甜美的果实。长期受传统思想的影响，我们对功名总是孜孜以求，苦苦奋斗，以为成功才幸福，实在是美丽的错误。

幸福的人生最美。追求幸福是所有人奋斗的最终目的。美国密西西比大学社会学家卡尔•里夫金考察中国后深有感触地说，“中国人活的太累了。他们的人生只有两个词：成功和拼搏……我很奇怪，他们连快乐都感受不到，却想追求幸福。”传统儒家文化倡导“学而优则仕”，主要用功名富贵衡量人生价值，忽视了生命自身的意义。我们追求幸福，却耻于追求快乐，幸福生活必定是空中楼阁。我们必须知道：只有快乐，才能使人幸福；“三个快乐”是实现幸福人生的坦途。请给自己一点勇气和坚强，驱逐功名的心魔，回归真实的自我，快乐学习和工作，珍爱生命幸福地生活，这才是平凡大众真正的成功人生。

（三）快乐为幸福人生护航

一个人只要快乐学习、快乐工作、快乐生活，拥有快乐的人生，就是幸福的人生。

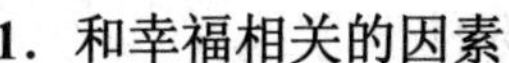

1．和幸福相关的因素

美国社会心理学家戴维·迈尔斯总结了与幸福有关的因素。主要包括：

（1）健全和健康的身体。这是幸福的基石。

（2）实际的目标和期望。这是幸福进入无限循环的内驱力。人倘若无所追求，幸福之水就会在懒散中干涸。

（3）自尊。这是幸福的支架，也是幸福的赐予。

（4）控制感情，这是幸福的规则。纵欲和放纵，往往与幸福相悖。

（5）乐观。这是幸福的源泉。乐观，最能繁衍幸福的细胞。

（6）豁达。这是幸福的开阔地。受纳包容，可免去许多节外生枝的烦恼。

（7）益友。这是幸福的开心果。一位益友就是一眼幸福的喷泉。

（8）合群。人缘好，幸福就会自来。

（9）挑战性的工作和活动性的消遣。一张一弛，方有幸福的交替出现。

（10）集体意识。这是幸福的蓄水池。孤独难有幸福的空间。

2．幸福的方法

青少年要以快乐学习为主，同时发展兴趣，感悟幸福的方法，学会享受学习、工作和生活中的点滴快乐，努力展现青春的风采。

（1）不抱怨生活，努力去想解决问题的方法；

（2）不贪图安逸；

（3）感受友情，广交朋友；

（4）勤奋工作；

（5）降低负面影响，少接受负面消息；

（6）生活的理想，树立目标；

（7）给自己动力；

（8）规律的生活；

（9）珍惜时间；

（10）心怀感激，把注意力集中在快乐的事情上。

三、超越梦想往前飞

人生就是为了梦想和兴趣而展开的表演。快乐人生需要用一生的快乐奋斗去飞翔梦想。

（一）梦想是“隐形的翅膀”

梦想是深藏在内心深处的力量源泉。人生有了梦想，成功的力量就会慢慢滋长，即使幸运女神不来敲门，也能飞翔梦想的翅膀！梦想，让我常常想起张韶涵唱红的《隐形的翅膀》。

每一次 都在徘徊孤单中坚强
每一次 就算很受伤也不闪泪光
我知道 我一直有双隐形的翅膀
带我飞 飞过绝望
不去想 他们拥有美丽的太阳
我看见 每天的夕阳也会有变化
我知道 我一直有双隐形的翅膀
带我飞 给我希望
我终于 看到 所有梦想都开花
追逐的年轻 歌声多嘹亮
我终于 翱翔 用心凝望不害怕
哪里会有风 就飞多远吧
……

在快乐女声的舞台上，快女们从海选，到赛区比赛，再到全国决赛，她们实现梦想的道路并不平坦。比赛中，我们听到了快女们生命的颤动，以及梦想的律动。梦想的力量，让参加快乐女声的年轻歌者在舞台上绽放耀眼的光芒。因对梦想的追求，因对舞台的深爱，因对信念的执著，她们挥洒热泪，洋溢青春与激情，迸发出自己的全部能量，奔向远方闪亮的音乐之梦。梦想是隐形的翅膀，带

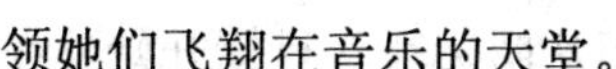

领她们飞翔在音乐的天堂。

（二）追逐梦想，只带快乐前行

种子的梦想，是向往太阳，于是就有了破土而出的力量，为大地撑起绿色的小伞；瀑布的梦想，是献身海洋，因此方有在悬崖面前粉身碎骨的勇气，跌宕成一首壮美的歌；青少年的梦想，是全人类的幸福，于是不惧道路坎坷关山漫漫，只带快乐前行去追求人生的辉煌。

传说中有一种鸟（雨燕），能够飞行几万里。飞越太平洋，它只带一小截树枝。在飞行中，它把树枝衔在嘴里，累了就把那截树枝扔到水面上，然后飞落在树枝上休息一会儿。饿了它就站在那截树枝上捕鱼。困了它就站在那截树枝上睡觉。

谁能想像，小鸟成功地飞越太平洋，仅靠一小截树枝！只带一点必要的东西前进，这正是小鸟飞越大洋的智慧。试想，如果小鸟衔的东西多了，它能高飞吗？当一个人只有一只手表时，可以确定时间；当一个人有两只手表时，反而无法确定时间，这就是著名的手表定理。追逐梦想的翩翩青少年，人生短暂，带上人生最重要的快乐马上出发吧。要清醒地知道：滚滚红尘花花世界，如果什么都不愿放下，背负人生功名利禄的大包袱，你怎能轻装前进，必然很快淹没在世俗的洪流中。追风的青少年啊！请把梦想的翅膀，交由快乐舒展，像雄鹰展翅天空，尽情飞翔青春的理想。

（三）用“快乐心”开启成功大门

“快乐心”是快乐的源泉，它和仁爱相伴，与成功同行，是成功力量的大本营。

1．心动不如行动

莎士比亚说：“时间会刺破青春表面的彩饰，会在美人的额上掘深沟浅槽；会吃掉稀世之珍！天生丽质，什么都逃不过他那横扫的镰刀。”时不我待，追逐梦想要勇于行动，不要在徘徊中竹篮打水一场空。

功成名就是一连串的奋斗。实现梦想从明确奋斗目标开始，在坚持不懈的行动中成功。人生不会因为空想而成功，命运也不会因为有了知识就改变，只有知行合一，勇于行动才能创造价值，实现人生美梦。行动既要有快乐奋斗的目标，更要有脚踏实地的实干精神。行动必须是一个人在面对障碍或困境时，不犹豫不退缩，主动作为。行动要求勿以善小而不为，便可积善成德；行动要求勿以恶小而为之，日三省己心，人生才能贤明，不断累积成功的力量。

生命不息，奋斗不止。我们只要没有停止行动，就有机会成功。当我们对自己充满坚强的信心时，智慧女神就会启动潜能无穷的力量，帮助我们取得了不起的成绩。这个世界很少有办不到的事，因为昨天的梦想，就是今天的希望，还可能在明天实现。

唐玄奘 25 岁离开长安西游。进入沙漠后不幸迷了路，随身携带的一罐水也不慎掉了。四五天中曾多次昏倒在地，可是只要他一醒过来就继续前进，终于走出了沙漠。他一路越戈壁、翻峻岭，经碎叶城，登帕米尔高原，闯铁门关天险，经历了一年多的时间，终于到达天竺国，成为第一个周游古印度的中国旅行家。

我们都熟知《西游记》，它就是唐玄奘游学事迹的演绎。唐玄奘在唐太宗贞观三年，从凉州出玉门关西行，历经艰难抵达天竺学习佛教，最终功德圆满。鲁迅先生曾高度赞扬其“舍身求法”精神，尊其是“中国的脊梁”。

“想一尺不如行一寸。”任何伟大的目标、伟大的计划，最终必然落实到行动上才能实现。只有行动才能将心动的想法转变为现实，从而实现自己的宏伟目标和远大理想。青少年要立志做一番大事业，应当及早行动起来，因为双手插在口袋里的人登不上成功的梯子。

2. 超越自己往前飞

梦想是心头燃烧的激情，让攀登珠穆朗玛峰的勇士一次次地将狂风暴雪踩在了脚下，一次次把胜利的欢呼送到峰顶；创新是智慧和激情燃烧的果实，让科学家们不知疲倦地忙碌着，快乐地寻觅着造福人类的创造发明；青春是生命燃烧的岁月，让青少年在梦想的天空尽情飞翔，不断创造超越自己的人间奇迹。

一条小河经历了重重阻挠，绕过高山与岩石，穿过森林和田野，一路奔腾来到了沙漠。小河想："前面那么多困难都克服了，这次也能成功吧！"它奋勇向前，但水都渗到泥沙中，迂回不前。它的努力一次又一次白费了。小河叹息说："我最拿手的本事也不管用，看来我注定平庸，永远也到不了大海。"

微风过来安慰它说："我可以穿越沙漠。你也可以的，不过你要改变一下自己……"

"改变自己，升华自己！"小河默默地念着，"可是我从来没有这样做过啊！我能做到吗？如果不行，那我岂不是自我毁灭？"

"你这样想只是因为你从来就没有认识到自己还有巨大的潜能，没有认清你自己的本质。你可以的！"微风鼓励说。

小河鼓起勇气，对自己说："改变自己，升华自己！"于是，它化作轻盈的水汽，和微风相伴，飘过了沙漠。第二天，它又化作雨滴降落大地，汇聚成河，一路欢歌奔向大海。

雄关漫道真如铁，而今迈步从头越。每个青少年都是一条奔腾不息的河流，只有在人生的道路上跨越重重关山险阻，甚至从头开始，才能突破困境，最终超越自己，羽化成蝶，飞翔青春梦想。

第三章　学海无涯“乐”作舟

第一节　养成乐学的习惯

学习使人进步，因此是快乐的。青少年一旦养成乐学的习惯，就会源源不断积聚人生的快乐力量，飞翔心中的梦想。

一、学习积聚快乐能量

学习让人生更美好。坚持快乐学习，必有美好未来。

（一）读书是最快乐的事

读书不单是获得文凭职称的现实需要，更应该成为一种快乐的生活方式。陶渊明说：“好读书，不求甚解，每有会意，便欣然忘食”。读书能忘食，其乐可知。

书籍为我们建立起一座宏大壮美的思想世界。科学、艺术、文学、哲学等书籍把我们引入美妙的人类思想世界。借助书籍，我们无须旅行便可游历天涯海角，翱翔九天揽月，畅游大海捉鳖。捧起书本，如同和先哲们携手共游，飞越无数迷人的仙境和神奇的土地，听到无数人间奇闻趣谈。读书指引人生方向，滋养贫瘠的心灵，使我们摆脱痛苦和迷惘的羁绊，让单调的岁月绚烂多姿。读书无疑是一种简朴快乐的生活方式。

“读万卷书，行万里路”是我们的传统。读书愉悦心灵，丰富生活。我们通过读书认识自然、社会、人生，使脑海充满欢乐崇高的思想，从而提高认识，升华灵魂，乐享人生。在书中，我们可以欣赏春的妩媚，夏的浪漫，秋的成熟，冬的纯洁；可以体味相思的苦味，重逢的曼妙；可以感悟漂流的疲惫，领略“会当凌绝顶，一览众山小”的快感；品味阳光的火辣，春风的柔情，享受闲适生活的美妙。读书是最快乐的事，因为文字比烟花更璀璨，它们在光滑的纸间静静旋舞，浅吟低唱岁月的旋律，演绎出生命的永恒；同时，书中连珠妙语赋予我们的规劝和慰藉，质同金玉，价值无量，是我们的良师益友。

于谦说：“书卷多情似故人，晨昏忧乐每相亲。”每天翻阅精彩的书，像陶渊明笔下的世外桃源，充满着神秘；如阿根廷人脚下的探戈，充满着激情。热爱读书的人，知识不会老化，才思不会枯竭。人生读书是快乐的，就像在海边拾贝的孩子，为每一朵浪花雀跃；读书人生是幸福的，徜徉在书中，流连着、沉思着、神游着，这是多么幸福的生活。

（二）学习让生活更快乐

青少年只要坚持“大学习”，活到老、学到老，终生学习就将成就人生大智慧，无论贫穷或富贵，都能享受人生无穷的乐趣，让生命充满意义。

从前，一个饱读诗书受人尊重的落魄秀才和一个无知的富翁发生了争论。富翁竭力贬低秀才说：“穷酸秀才，你觉得自己受到别人的尊重，但请你对我讲，你举办过多少宴会?你这种人，有点儿学问顶什么用?你总是住在一间破房里，一年四季穿的衣服一模一样，你的仆人就是随身的影子。我们的国家倒真需要像你们这种不需花费多少钱的人呢！不过要我说，只有多花钱过舒坦日子的人才会促进社会的发展。老天在上，只有我们使劲花钱享受，才能保证手艺人、卖货郎、裁缝、佣人，还有你们这些穷文人有饭吃。”对这些狂妄无知的话，秀才轻轻一笑，掉头而去。

不久，一场战争摧毁了富翁和穷人的住宅，两人不得不背井离乡。没文化的富翁沦为乞丐一无所有遭人唾弃，而贫穷的秀才依旧受人尊重。

知识是强盗抢不去、贼偷不了，甚至是战乱摧不毁的一生的财富。而且知识财富没有任何重量，经得起岁月考验，其价值与日俱增，给人生无穷力量。知识越多，让我们的脚步越矫健，身手越敏捷，人生越快乐。知识从何而来呢？人非生而知之，学习是获取知识宝藏的唯一手段。少年辛苦终身事，莫向光阴惰寸功。青少年要勤奋学习，用知识武装自己，努力提高实践能力和生活自理能力，让生活更快乐。

（三）快乐工作需再学习

陆游说："纸上得来终觉浅，绝知此事要躬行。"在书本中获得的知识，必须在工作中再学习，才能举一反三，运用自如，帮助我们快乐工作。在工作中学习是获得真知的重要途径，尤其在知识经济时代，学习是人们不断进步，提高工作能力，满足发展需要，取得人生成功的法宝。

有一个大学生被公认是全班最胆小怯懦的人，同学们都不屑与他交友。大学毕业时，许多人预言十年后的相聚他将是失败者之一。

十年很快过去了，同学聚会如期举行。每人依次上台讲述自己的现状和理想，还有对目前生活的满意程度。结果很少有人对目前的工作和生活满意。轮到他上台了，他清了清嗓子，沉着而冷静地说："我目前拥有数家公司，总资产上亿，远远超过当年走出校门时的理想。如果说还有什么遗憾的话，就是我认为离那些我所欣赏的成功者还很遥远。是的，无论在学校还是投身社会，我一直都很自卑，感觉每一个人都比我强。所以我要努力学习每一个人的特长，并且尽力丢掉自己的缺点。因此，我把远大的理想埋在心底，尽力学习别人的长处，努力做好手头的每一件小事，因此获得了源源不断的前进动力，才有了今天这一点点成绩。"

同学会一阵沉默，继而爆发出热烈的掌声。

我们都知道磨刀不误砍柴工的故事。在工作中学习，就是在不断提高技能。高超的工作技能让我们在工作中如鱼得水，轻松应对。青少年要成才，必须把理论和实践结合起来，用理论指导实践，用

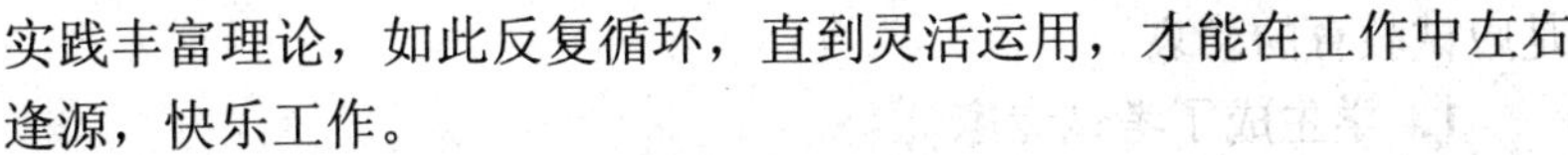

实践丰富理论，如此反复循环，直到灵活运用，才能在工作中左右逢源，快乐工作。

二、功利让学习变成苦差

这个浮躁的社会对功利的追逐让应试教育愈演愈烈，把快乐的学习变成了苦差，不仅扼杀了青少年的学习兴趣和创造力，还直接导致很多学生只会考试，不会做事。

（一）功利是柄双刃剑

一方面，功利是人前进的动力。封建时代的读书人，科举之路几乎成了他们实现人生理想的“华山一条道”。千百年来制度的力量形成了博取功名的巨大惯性。学子们求学读书便直奔“黄金屋”、“颜如玉”、“千钟粟”而去。因此，头悬梁、锥刺股，囊萤映雪等苦读的故事传为千古佳话，激励着无数寒门子弟苦学。每个人都需要实实在在的生活，功利目的促使人们勤奋学习、努力工作，追求舒适的生活，这无可厚非，也在客观上推动了社会进步。同时人类还有不少仰望星空的梦想家，他们谋求百世功和千秋利，不计个人得失，为了人类的公共利益废寝忘食快乐工作，最终成就万代名。另一方面，急功近利损人害己。现代社会生产力高度发达，物质财富迅速增长，人们的欲望也急速膨胀，渴望一夜成名、一夜暴富的人越来越多，功利主义大行其道，甚至连神圣的教育事业也无法幸免。在功利主义至上的社会，教师为了增加收入，学校为了荣誉大搞应试教育可以理解；家长期望子女接受优良教育获得一份好工作也情有可原。但是登峰造极的应试教育，直接导致唯分论，做出许许多多与教育方针和素质教育背道而驰的事情，其危害十分巨大，不但损害青少年的身心健康，而且对学生的健康成长和人生幸福也是致命伤害。曾经哄动一时的“绿领巾事件”就是一个典型的反面例子。

（二）痛苦的应试教育

把学习说成苦，这是理念的错误；把快乐的学习搞成苦差，则是应试教育的悲哀。

1. 学生成了考试专家

“为什么我们的学校总是培养不出杰出人才?”这是振聋发聩的钱学森之问。钱老的背影虽已远去，但是留给国人的思考远没有终结。在大力倡导素质教育的今天，我们仍在不断地把应试教育推向更甚。不但中考、高考皆以分数论成败，而且只以分数来评价学生的好坏。因此，社会、学校和家长不谋而合，合力把教育搞成了分数的比赛，最终把教育变成了一件让全社会都十分痛苦的事。由于升学率和学校的地位及老师的收入紧密相连，学校追求升学率，打造名校、名师以及形式主义、教条主义就必然盛行。学校和教师为了提高学生成绩，广泛采用灌输式教育和题海战术，配合日考、周考、月考等高强度密集考试，把学生训练成了考试的冠军，分数是上去了，但是学生的个性从此没有了，学习快乐感消失了，创造力也被扼杀了。因此，我们的学校总是培养不出杰出人才。

2. 小心父母无私的爱，不经意变成伤害

很多父母非常关心孩子的学习，主动承担了全部家务，忽略了青少年独立生活能力的培养。最终结果是望子成龙培养懒虫，把爱变成了伤害。

有一个湖，叫天鹅湖，湖中小岛上住着一位老渔翁和他的妻子。渔翁每天摇船捕鱼，妻子养鸡喂鸭。

有一年秋天，一群天鹅飞到岛上，准备飞到南方过冬。老夫妇看到天鹅，非常高兴，拿出鸡食和小鱼招待它们。渐渐地这群天鹅就和渔翁夫妇成了朋友。它们在岛上不仅大摇大摆地走来走去，还在老渔翁捕鱼时随船而行、嬉戏左右。冬天来了，这群天鹅竟然没有继续南飞，它们白天在湖上觅食，晚上在小岛上栖息。当湖面封冻，无法觅食时，老夫妇敞开他们的茅屋让天鹅进屋取暖，并且给它们食物。这种关爱一直持续到春天来临，湖面解冻。年复一年，老夫妇每年冬天都这样无私奉献着他们的爱心。

有一年，渔翁夫妇老了，离开了小岛。不久，天鹅也消失了。不过它们不是飞向南方，而是在第二年湖面封冻的时候冻死了。

爱得太多成了溺爱，就是致命伤害。现代社会，不少父母都溺爱孩子，无意间把青少年变得自私自利，而且缺少独立生活技能，进入社会后寸步难行。曾经流传的北大新生因生活无法自理而跳楼自杀的事件就是惨痛教训。身为家长，我们难以和现有教育弊端抗衡，但是至少不要再为孩子增添学业压力，而要着重教给孩子生活技能和生活经验，提高青少年快乐生活的能力。

3．高分要求，把读书变成苦差

著名儿童教育家卢勤说：“快乐是一种体验，体验是任何人代替不了的。让孩子从小体验快乐，成为一个乐观主义者，比成功更重要。”但是，应试教育分数的巨大压力使青少年的快乐“停机”了。中考、高考都成了人生的一道坎。青少年初三和高三的生活用“吃人”来形容也不为过，给很多学子留下了痛苦的读书回忆，直接导致很多学生进入大学和社会后不再学习，最终得不偿失。

排除老师的教育因素外，分数是学生的智力、勤奋努力和学习方法三者的综合结果，主要反映学生的智商水平。分数的高低并不代表青少年未来的成功，更无法决定人生的幸福。知识、能力和素养是决定人生的三个重要因素。人力资源理论的相关研究表明，在人的一生中，从小学到大学学到的知识在工作中所起的作用不到5%，能力和素养才是终身受用的。人生的学业成绩并不是最重要、更不是唯一的；人的品格、道德以及社会适应能力，做人的快乐感，这些更重要。我们要追求学习的乐趣，在享受学习的乐趣中终生学习，自然而然就进步了，知识、能力和素养不知不觉就提高了，美好的前程当然就有了。

（三）快乐教育，快乐成才

教育塑造人，快乐教育造就贤达人。大力推行快乐教育，让青少年快乐成才。

1．淡化教育功利目的

教育关系人类的前途和命运，其目的是教化人，应当是非功利的。教育产业化，把学校变成企业，把老师变成老板，把学生当成盈利工具，使家长成了提款机，最终误国误民，这真是悲哀。教育的根本目的是引导人类向善和利他，这是人类千百年来文明进步的结果。在生存已经不是人类主要问题时，教育完全可以“诗意”和“超功利”地“栖息于大地之上”，为全人类的幸福服务。

2．引导学生快乐学习

孔子说：“知之者不如好之者，好之者不如乐之者。”两千多年前，当学习还是奢侈品的时候，人们已经知道快乐学习的重要性；现在反而迷失了方向，为了升学提倡苦学。教育家朱永新倡导的新教育实验团队有句口号：“状态大于方法，方法大于苦干。”但是应试教育的现状是“苦干大于方法，方法大于状态。”我想，一个人找到了学习的乐趣，就有了不懈前进的动力，勤奋学习而不知疲倦，然后就会认真探索学习的方法，取得更佳的学习效果。青少年一旦养成了乐学的习惯，在任何时候，都会注重学习，天长日久自然积累丰富的知识。

大力倡导快乐学习，学校是主阵地。学校教育对于人们形成健全人格、培养优秀品质、养成良好的学习习惯具有极其重要的作用。家庭教育也是快乐教育的重要方面，是青少年良好生活习惯养成的地方。每一个家庭都应该积极营造和谐的家庭氛围，尊老爱幼，和睦友善，成员之间互帮互助，互爱互敬；最后，个人是感知快乐、体验幸福的主体。青少年要自觉培养健全的独立人格，积极开展自我教育，及时调整不良心态，追求身心的和谐，快乐地学习。

3．教会学生自我教育

自我教育是人生最重要的教育。达尔文说：最有价值的知识是关于方法的知识。老师要践行不教之教，将开发文化宝库的钥匙交给学生，引导他们在一生不知疲倦地采撷知识的珍宝，满载快乐人生的果实，这是学校教育的理想境界。

有一个佛教徒走进庙里，跪在观音像前叩拜。他发现自己身边有个和观音一模一样人也跪在那里。

他忍不住问：“你怎么这么像观音啊?”

“我就是观音。”那人回答道。

他奇怪地问：“既然你是观音，那你为何还要拜呢?”

“因为我也遇到了一件非常困难的事。”观音笑道，“然而我知道，求人不如求己。”

自我教育是最重要的教育。对于人生来说，自我教育才是决定终生成就的关键。教会学生自我教育，培养具有独立能力的合格公民，是老师的重要任务。着力训练学生的自我感知能力，明了自己内心的变化，学会自我调整情绪；善于自我激励，在困难和挫折中奋起；锻炼领导和合作能力，与大家和谐共处，齐心协力完成工作；具备持续发展能力，坚持终生学习，这些方面远比考试获得高分重要。

三、“乐学”成就未来

苦学赢得考试，乐学成就未来。

（一）成功人生必须终生学习

“人过三十不学艺”在我国广为流传并影响很大。这句话在古代生产力落后，人的寿命较短，知识更新慢时有一定道理，但显然不适应现代社会的发展需要，严重影响了国人的进取意识和创新精神，阻碍了社会发展和民族进步。现代社会科学技术飞速发展，社会日新月异，知识更新换代的速度越来越快，要做到与时俱进，必须终生学习。

毛泽东同志可谓终生学习的典范。几十年来，毛主席一直很忙，可他总是挤出时间，哪怕是分分秒秒，也要用来看书学习。他的中南海故居，简直是书天书地，卧室的书架上、办公桌、饭桌、茶几上，到处都是书，床上除一个人躺卧的位置外，也全都被书占领了。

为了读书，毛主席把一切可以利用的时间都用上了。在游泳下水之前活动身体的几分钟里，有时还要看上几句名人的诗词。游泳上来后，顾不上休息，又捧起了书本。

人生要经历儿童的天真、少年的困惑、青年的激情、中年的成熟和老年的坦然，这个人生历程任何时候都需要学习，我们才能走好每一步。生命有限，而知识无限，并在加速发展，青少年必须加强学习，不断提升自己，才能跟上时代步伐，奏响生命华美的乐章，赢得生命的精彩。

（二）快乐是学习的不竭动力

教育学家普遍认同一句话："学与乐是不可分离的，因为欢乐是人的天性，学生时代是需要欢乐的时代。"所以，让学生在轻松愉快的环境中接受知识，就会激发青少年学习的内心需要，提高学习的积极性，主动融入到学习中，从而提高学习的效率。

语言大师侯宝林只上过三年小学，由于勤奋好学，他的艺术水平达到炉火纯青的程度，成为著名的语言专家。有一次，他为了买明代笑话书《谑浪》，跑遍北京所有的旧书摊也未如愿。后来，他得知北京图书馆有这本书。时值冬日，他顶着狂风，冒着大雪，一连18天都跑到图书馆去抄书。一部10万字的书，终于被他抄录到手。

侯宝林正是因为好学，凭着"不达目的不罢休"的坚强毅力，终成相声艺术大师。

心态决定状态，状态决定成败，这话真实在。在学习中得到快乐的青少年，必定好学不厌，自然取得好成绩，为自己创造美好的未来。学习快乐，快乐学习，两者相得益彰。一位学生在作文中写道："我们在学习上勇往直前，成绩节节升，我们真快乐，因为我们在竞争中学会了合作，找到了学习的乐趣，学会了处理生活中的各种矛盾，做到与同学和睦相处，在学习和生活中多了更多关爱自己的朋友。我从他们身上读懂了信心和勇气来自不懈的努力和对人生可贵的探索，这都源于对知识的孜孜以求。"

第二节 “大学习”飞扬青春

“大学习”是快乐学习的海洋，成就智慧人生。青少年只要凭借终生全面学习筑底气、养才气，在学习中探索自然、认识社会、感悟人生，就能提升思想境界飞扬青春。

一、“大学习”是快乐海洋

“大学习”即终生全面学习，是快乐学习的基本方法。

（一）快乐的大学习

“大学习”是针对“学习就是上学读书”的狭隘理解提出来的新观念。大学习主要强调一个人要终生全面学习。青少年坚持实践以“无时不学、无事不学、无人不学”为核心内容的大学习，可以充分挖掘人体潜能，通过“读万卷书、行万里路、经万般事”来不断丰富自己、完善自己和提升自己，不仅轻松找到学习的快乐，并为快乐工作和快乐生活奠定坚实基础。

吃饭养身体，学习长智慧。我们都知道“开卷有益”的道理，但大人看到孩子阅读课外书，常常劝阻，生怕把功课耽误。如果仅把学习限定在教科书，只用考试分数来衡量学生是否优秀，这样不仅使学生重书本轻生活，导致“眼高手低”，更重要的是压抑了同学们的天赋特长和爱好的发展，逐渐丧失学习的兴趣，最后贻误终生。我们不仅要鼓励青少年学好课本知识，还要尽一切可能地创造条件，鼓励同学们在课余时间广泛学习，努力实践，认真发展自己的爱好特长，乐学的精神才能培养起来。

（二）无时不学，天天进步

大学习首先强调“无时不学”，要求终生争分夺秒学习。生活大课堂，人生处处皆学问，成长本身就是一个学习的过程。从呱呱落地开始，学会吃饭、走路，做每一件普通的小事；学会读书、工作，学会为人处世，直到学会发明创造，这个过程中每时每刻都在学习，都在不断进步，都在获得新知识，增长新本领，充满学习的快乐。丰收是汗水的果实，知识是勤学的情侣。对青少年来说，不仅要学好书本知识，更要注重在生活中学习。

一块写满人体骨骼名称与位置的黑板，从新学期一开始，就挂在一所医科大学医疗保健系一间教室后面的墙上。整个学期，这黑板就没有移动过，老师也从来没有说过有关内容的话。直到期末，学生们发现写在这块黑板上的一切全都擦去了，而期终考试的唯一试题正是：请写出人体主要骨骼名称及其位置。

学生们顿时呆了，一致诘问老师："老师，我们从来也没有听你讲过这些东西呀！"老师说："这不应该成为原谅的理由。全部资料不已在黑板上公布几个月了吗？"学生们哑口无言，只好埋头思索……

考试后，老师语重心长地说："请大家永远记住：教育不单是听老师讲。你们应该时刻注意观察周围的事物及可能发生的情况，因为这中间也存在很多很多的学问。"

（三）"无事不学"，博种精收

俗话说：荆条编小篮，看着容易做着难。任何事情都是不见不识，不做不会。可以说，只要有了在生活中学习的理念，学习无处不在，无时不在，并且这许多活动本身就是快乐的。青少年要勇于实践，在广泛的实践中发现自己的天赋特长、博采众长，再重点学习相关知识和技能、精益求精，最终就能成为专家型人才。

在一次盛大的宴会上，中国人、俄国人、法国人、德国人、意大利人争相夸耀自己民族的文化传统，唯有美国人笑而不语。

为了使自己的表述更加形象，更有说服力，大家纷纷拿出具有民族特色、能够体现民族悠久历史的实物——酒，然后彼此相敬。

中国人首先拿出古色古香、做工精细的茅台，打开瓶盖，顿时香气四溢，众人纷纷称赞。

紧接着，俄国人拿出了伏特加。

法国人拿出了大香槟。

意大利人亮出了葡萄酒。

德国人取出威士忌。

一时众彩纷呈。

最后，大家都看着美国人。美国人不慌不忙地站起来，把大家先前拿出的各种酒都倒出一点，兑在一起，说：“这叫鸡尾酒，它体现了美国的民族精神——博采众长，综合创造。”

美国之所以强大，在于海纳各民族文化精华，并进行创新。同理，青少年要想有所成就，就要广学博览，博采众长，最后创新。

（四）无人不学，积善成贤

井淘三遍吃好水，人从三师武艺高。青少年要虚心向身边的人学习各种知识、技能和德行。世界是一所大学，我们所遇见的人，都是这所大学的老师：遇见一个农民，他能教我们种植技术；一个商人，能告诉我们经商赚钱的技巧；一个普通的工人，有他工作的特长和经验，我们都能从他们身上学到许多本领。善于向别人学习，就能够丰富我们的知识，增长我们的本领，成为一个快乐的、受人欢迎的人。圣人孔子就是我们学习的榜样。

卫国的公孙朝问子贡：“仲尼的学问是从哪里学来的？”子贡说：“周文王武王的道，并没有失传，还留在人们中间。贤能的人可以了解它的根本，不贤的人只了解它的末节，没有什么地方无文王武王之道。我们老师何处不学，又何必要有固定的老师传播呢？”

要学蜜蜂采百花，问遍百家成行家。伟大的教育家孔子常常“不耻下问”，因此成为圣人。他说：“三人行，必有我师焉。择其善者而从之，其不善者而改之。”这无疑是我们成为贤达人士必须随时随地学习实践的真理。

二、大学习智慧人生

“大学习”是开启智慧之门的金钥匙。青少年实践“大学习”，就能够在知识的海洋中尽情采撷智慧人生的珍宝。

（一）挖掘智慧的深井

人类快乐的源泉来自智慧的深井。青少年的智慧不是一个器具，等待老师去填满；而是泉水涓涓不断的清泉，需要自己去挖掘。

生在犹太人家庭的孩子，在他们刚刚懂事的时候，母亲就会将蜂蜜抹在书本上，让孩子去舔书本上的蜜。这样做，目的只有一个，那就是让孩子从小树立这样一种观念：书本是甜的，而且书里有智慧。孩子再长大一点儿，几乎每个犹太母亲都会拿同样一个问题让孩子来猜。假如有一天你不幸遭遇火灾，你的房子被大火包围，在你逃命的时候，最最不能忘记携带的是什么?在否定了许多答案之后，母亲就会告诉他们：应该携带的不是金银财宝，而是一种无价之宝，它的名字叫智慧。

在聪明的犹太人眼里，生命宛如一棵树，要想茁壮你的茎，繁茂你的枝，葱绿你的叶，你就必须不断挖掘智慧的深井，用那甘爽清冽的泉水浇灌生命的根。每天二十四小时，谁能够最大程度地利用时间，谁就是时间的主人。青少年要珍惜时间，充分利用零星时间或者采用休闲学习法积累知识，挖掘智慧的深井，时间一长，智慧之泉涓涓细流就能汇聚成快乐人生的大海。

（二）汇集知识的海洋

天空不惧风雪雷电，所以深邃无穷；大地拥抱山川草原，所以广袤无垠；海洋接纳大江小溪，所以浩瀚无边。人生处处留心皆学问，青少年只要广学博采，就能成为名家大师。

伟大的历史学家司马迁曾经就学于当时著名学者孔安国、董仲舒，跟他们学习《古文尚书》和《春秋》等。司马迁在这些大师的影响下，开拓了思路，积累了丰富的文化知识。20 岁那年，司马迁为了对历史和传说进行深入的研究、探索，开始了漫游生活。他经过长江、淮河，到达浙江，在会稽山向当地人考察大禹治水的传说。为了寻找舜下葬的遗迹，他跨过沅水、汀水来到九嶷山。他到齐鲁旧地孔子的家乡曲阜，瞻仰了孔子庙堂。司马迁游历了祖国的名山大川，足迹遍及半个中国，向人们搜集大量的历史资料，为他后来撰写《史记》准备了条件。

泉水挑不干，知识学不完。人生在世，只要有一颗好学的心，就会发现任何事情都有值得我们学习的地方，无处不是我们学习的课堂。勤奋好学的青少年，要明白知行合一的道理，才能成就大业。在“读万卷书”时，还要“行万里路”和“经万般事”，才能将书本知识和实践结合起来融会贯通，真正成为知识海洋的弄潮儿。

（三）快乐的智慧人生

薄迦丘说：人类的智慧就是快乐的源泉。智慧是通往幸福和快乐的心灵之路，犹如一条通往奇峰幽谷的小径。智慧像太阳照耀绿叶，让每一个人的生命之树都能结出甜美的果实，在充满希望的人生岁月里，享受生活的温馨。智慧人生无往不利，带给人们快乐无数。

卓别林想拍一部关于流浪汉的喜剧，虽然做了很多努力，却一直不满意。

一天，卓别林在旧金山的大街上遇到了一位流浪汉。他灵机一动，迎上前去：“你好，我看你一定很饿了，我也饿了。一块到饭店吃一顿吧！”流浪汉十分高兴，心想这一定是遇到一位乐善好施的虔诚的基督徒了。于是两人走进一家饭店。卓别林特意多要了一些酒。流浪汉不客气地狼吞虎咽大吃起来。酒足饭饱之后，两人便乘酒兴侃侃而谈。流浪汉把自己如何漫游，如何搭便车，如何在“上等客车”上被抓住等趣闻全部告诉了卓别林，同时还表演给卓别林看。卓别林认真地听着，仔细地研究他的表情、姿势和性格。在吃饭的过程中，一部新影片的轮廓已经在卓别林的脑子里构思出来了。

有这么一句谚语“从智慧的土壤中生出三片绿芽：好的思想，

好的语言，好的行动。”这三片绿芽都是快乐人生需要的。大学习是人生智慧的源泉。青少年要坚持大学习，给自己一个快乐的智慧人生。

三、“兴趣学习”快乐成才

日本教育家木村久一说：“天才，就是强烈的兴趣和顽强的入迷。”大力倡导兴趣学习，能够促进青少年快乐成才。

（一）兴趣是学习的快乐力量

兴趣是人们力求认识某种事物或爱好某种活动的倾向。著名物理学家杨振宁曾说：“成功的真正秘决是兴趣。”由此可见，一个人的成才，常常是在兴趣的推动下去追求的。正所谓：“兴趣出勤奋，勤奋出人才”。法布尔从小对昆虫活动产生了兴趣，激发了他终身研究昆虫的志趣，写下了巨著《昆虫记》，共十卷，对昆虫学作出了巨大的贡献。

有报道说：英国教育重兴趣。厌学在英国的中小学里是不可思议的事。很多驻英中资机构人员的子女在当地读书，即使没什么外语基础，只要进入学校没几天，就会喜欢上学。为什么英国教育如此强调学生的兴趣？英国教育专家的回答是：只有喜欢、热爱一件事，你才会不顾一切地投入精力，再辛苦也不痛苦；如果做你不喜欢的事，不辛苦也痛苦。追求知识、提高能力没有不辛苦的，但辛苦不等于不快乐，更不等于痛苦。

兴趣的发展一般分为有趣、乐趣和志趣三个阶段。兴趣是青少年快乐成长的力量，随着兴趣的发展，青少年就能够逐步发现自己的天赋特长和爱好，并和未来的事业方向和人生目标紧密联系起来，发展为志趣，从而找到喜爱的事业。

（二）大力实践“兴趣学习”

兴趣学习指在学习中以人的兴趣为起点，充分发挥人们探索求知的主观能动性，在快乐学习中发现自己真正的爱好和特长并深入钻研成才的学习方法。兴趣是学习的强大动力。学习自己感兴趣的知识和技能，不但效果良好，而且快乐。

1. 寻找兴趣

每个人都有自己理想的乐园，有自己乐于追求的事业。青少年要努力寻找兴趣，找到自己真心喜欢做的事，并全力以赴。

诺贝尔化学奖的获得者奥托·瓦拉赫在上中学时，他的父母曾为他选择了文学之路。一个学期后，教师就在他的评语中下了结论：瓦拉赫很用功，但过分拘泥，这样的人即使有完善的道德，也决不会在文学上有所成就。后来父母又让他改学油画，谁知瓦拉赫既不关心构图，又不会调色，对艺术的理解力也很差。可是，化学教师却认为瓦拉赫做事一丝不苟，具备做化学试验应有的品格，建议他试学化学。这一次，瓦拉赫智慧的火花被点燃了，其化学成绩在同学中遥遥领先，并最终获得了诺贝尔化学奖。

瓦拉赫的成功告诉我们，人的智能不是均衡发展的，如果能发现自己的长处，扬长避短，就会有所作为。青少年朋友，去寻找兴趣的方向，发挥天赋的特长，用勤奋掌握命运，开启成功的大门。

2. 培养爱好

每个人都有天赋的才能。比如：不少刚会走路的幼儿，就能在音乐中手舞足蹈；才知抓笔的孩子，就已经会涂涂抹抹，画些不成形的东西。很多人似乎天生就是舞蹈家和画家，但是大部分成年以后变得很平常。因为长大后愈来愈忙碌，忙得没有余情应节起舞，没有闲暇挥笔作画，就这样年复一年，我们遗忘了天赋的才能，也失去了许多人生的快乐。

科学家霍金小时候的学习能力并不强。他很晚才学会阅读，上学后在班级里的成绩从来没有进过前10名，而且因为作业总是“很不整洁”，老师觉得他已经“无药可救”了，同学们也把他当成嘲笑的对象。霍金12岁时，班上有两个男孩子用一袋糖果打赌，说他永远不能成才。同学们还带有讽刺意味地给他起了个外号叫“爱因斯坦”。谁知，20 多年后，当年毫不出众的小男孩真的成了物理界一位大师级人物。

原来，随着年龄渐长，小霍金对万事万物如何运行开始感兴趣。他经常把东西拆散以追根究底，但在把它们恢复原状时，却常常束手无策。不过，他的父母并没有因此责罚他。他的父亲甚至给他担任起数学和物理学“教练”。在十三四岁时，霍金发现自己对物理学方面的研究非常有兴趣，从此开始了真正的科学探索，并乐此不疲，终成一代大师。

3．练就特长

当我们有了爱好后，还要用科学的方法坚持不懈努力下去，才能把自己由一粒平凡的沙子变成珍珠。

有一个自以为很能干的女郎，毕业以后屡次碰壁，一直找不到理想的工作。她觉得自己怀才不遇，没有伯乐来赏识自己这匹“千里马”。痛苦绝望之下，她来到海边，打算结束自己的生命。在她正要自杀的时候，正好一个老太婆路过，救了她。老人问她为什么要走绝路。她说自己不能得到别人和社会的承认，没有人欣赏并且重用她……

老人从脚下的沙滩上捡起一粒沙子，让女郎看了看，然后就随便地扔在地上，对女郎说：“请你把我刚才扔在地上的那粒沙子捡起来。”

“这根本不可能！”女郎说。

老人没有说话，从自己口袋里掏出一颗晶莹剔透的珍珠，同样随便扔在地上，然后对女郎说：“你能不能把这颗珍珠捡起来呢？”

“这当然可以。”

“姑娘，这下你该明白原因了吧？你现在还不是一颗珍珠，所以你不能苛求别人立即承认你。如果要别人承认，那你就要由沙子变成一颗珍珠才行。”

（三）飞翔青春的翅膀

每个人都有天赋特长，都是天地间独一无二的奇迹，这是遗传学理论告诉我们的科学真理。造物主让我们出生，必赋神圣使命。青少年啊，人生要成就大事业就要尽快飞翔青春的翅膀，遵从天赋特长和爱好，做自己喜欢的事，坚持快乐奋斗，努力去实现自己的梦想。

荣获诺贝尔物理学奖的杨振宁教授，在一次演讲后与听众分享他的成功经验时说：

从小，他就是个很不聪明的孩子，上小学时进度总是跟不上，作业更是写得乱七八糟，成绩评比出来，老师的评语都是“粗心”二字。

到了中学，在只有30个人的班级里，成绩也只有第五或第六。然而，也正是在中学时，他发现自己在物理方面特别得心应手，而且也非常有兴趣，从此下定决心，要朝着“物理”方向前进。

到了读大学时，他毫不犹豫地选择了物理系，从此以后一辈子潜心研究物理。

杨振宁说：“许多同学研究了三年的物理学后，便改学化学，不久又改向工程学，只有我，自始至终都在‘物理’。”

一日之计在于晨，一生之计在于春。青少年啊，美丽的青春充满了七彩的梦幻，像雨后彩虹般绚丽，但很快就会消逝，进入暗淡的夜空。当青春的时候，一定要做个快乐奋斗的青少年，不问天多高、地多厚，只管把心中的最爱作为人生目标，坚持不懈在理想的天空尽情飞翔青春的梦想，全力以赴争取人生成功。

第二节　读书“五字诀”

书是人类经验和智慧的高度概括和总结，开卷必有益。我们不仅要养成爱读书的习惯，还要注意读书的方法，深刻领会“博、精、勤、思、活”读书“五字诀”，坚持不懈地实践，方能迈入知识的殿堂。

一、“博”学多才

“博”是相对“精”而言的，对于读书学习来说，基础知识一定要厚实、宽广。读书要博，研究宜精，由博而精，最后创新，是读书正“道”。这如同勤劳的蜜蜂，博采百花后，才能酿成甜蜜。操千曲而后晓声，观千剑而后识器。博览群书，是成就大学问家的必经之途。从古到今，流芳百世的人大都是博学多才的。

东汉王充，自幼好学，但无钱买书。他每天在洛阳书店里站着读书，年复一年，苦学不辍，精读《汉书·艺文志》等书籍。他把当时存世的典籍，几乎全部认真读过，“遂通博百家之言”，成为著名哲学家、思想家。他的代表作《论衡》对后世产生了巨大影响。

南北朝著名数学家祖冲之，博学多才，一生成果卓著。他推算出圆周率在3.1415926和3.1415927之间，成为第一个把圆周率精确到小数点后7位数的人，这比欧洲人早了1000多年。他编制的《大明历》跟现代天文科学测得的结果只差50秒。他发明了“水推磨”、“千里船”、“指南车”等。他还是一位研究经书和诸子百家学说的学者，注释过《老子》、《易经》、《论语》、《孝经》等书。

历史名人博学多才似乎很正常，不足为奇。但是，很多人既想做个博古通今、才华出众的人，又不愿多读书，借口说“不是不想读书，实在太忙，没有时间”。工作忙也许是真的，但没有时间读书就难说了。鲁迅先生说得好，时间就像海绵里的水，要想挤总会有的。

清朝康熙帝5岁开始读书，8岁读《大学》《中庸》。康熙帝33岁时，在南巡的船上，仍然苦读不倦，直至深夜不眠。当侍臣奏请他注意休息时，他说：“深味古今义理，足以愉悦我心。予之不觉疲劳，以此故也。”

康熙帝读书的兴趣十分广泛，除经、史、子、集四部以外，天文、地理、历法、算术、军事、法律、音乐、美术、医药，无不涉猎。他还学习《初等几何》《应用几何学》等来自西方国家的数学、天文、地理、生理解剖等方面的最新科学知识。

我们再忙，恐怕也忙不过日理万机的皇帝。康熙帝能抽出那么多时间读书，知识面之广，才华之卓越，古今罕见。他做皇帝 61 年，在统一国家、发展生产、加强民族团结和抗击外来侵略中都功勋卓著。这样的文治武功，与其博学多才是密不可分的。

二、“精”成专家

人类的书籍浩如烟海，而人的精力十分有限，要求我们读书必须有所选择。在校期间读书宜“博”，工作之后要“精”。读书由博至精，是学子成才的常规途径。尤其在成家立业后，我们面临工作和生活的双重挤压，时间越来越紧，有所选择地读书就更显重要。伽利略说：“读书应有选择，要认认真真地、全神贯注地读那些真正引起你兴趣的书，以及你认为对工作有用的书。”把读书和工作有机结合起来，突出读书的重点，围绕工作和生活读书，可以一举两得，收到事半功倍的效果。

培根说：“书籍是在时代的波涛中航行的思想之船，它小心翼翼地把珍贵的货物送给一代又一代。”学会在浩淼书海中，选取自己必读之书，就需要有读书的艺术。首先要确定读什么书，以对工作和生活有益为标准进行选择。其次，对要读的书采用 ABC 法分类。A 类专业书籍要精研细读，弄懂吃透；B 类生活书籍，通读即可；C 类娱乐书籍，浏览一遍就行了。浏览要粗，娱乐而已；通读要快，节约时间；精读要研，化为己有。

奢想无所不能的人终将一无所能，成为专家人才却不太难。选那些与我们本职工作有密切联系的、科学价值较高的书或文章，集中时间和精力学习，认真掌握对我们有用的东西，坚持不懈地努力下去，就能心想事成。托尔斯泰说：“重要的不是知识的数量，而是知识的质量，有些人知道很多很多，但却不知道最有用的东西。”俗话说：同时追两只兔子的人，一只也逮不到。我们不要贪图无所不有，否则将一无所有；也不要试图无所不知，否则将一无所知；更不要企图无所不能，否则将一无所能。

某外贸单位来了两个名牌大学毕业的年轻人，一位是日语翻译，一位是英语翻译。两人风华正茂，年富力强，很快成为单位的骨干，深得领导赏识，成为某部门经理的候选人。他们对此心知肚明，暗暗较劲，工作上你追我赶，年年业绩出色。

单位一段时间和英国合作做生意，英语翻译因此经常抛头露面，在单位的影响较大。日语翻译有了危机感，决定依托读书时的英语基础自学，好超过对手。经过一段时间的努力，他的英语水平有了很大进步，也开始从事一些相关工作，赢得了大家的称赞。

没过多久，公司开始和日资企业打交道，日语翻译更受重视。但是有一次，他将一个关键词翻译错误，给公司造成了很大损失。董事长十分震怒，狠批了他一顿。他的升迁梦也同时终结了。在自己的专业上输得这么惨，这使他十分痛苦。经过深刻反思，他终于明白：自己久不学专业，放弃自己的长处和别人拼短处，失败是情理之中。他换了一家公司，重新开始。几年后，他凭借精湛的专业知识，终于获得了成功。

闻道有先后，术业有专攻。对于绝大多数人来说，宁专勿杂。明确读书的目标，朝着专业努力，由易到难，由浅入深，细嚼慢咽，保持“不满”，不断进取，成为专家型人才是早迟的事。

一名徒弟跟一位名师学艺，几年后，徒弟觉得自己的技艺可以出师了，准备告辞。

大师知道后，拿出一口碗，往里面装满石块，问：“满了吗？”

“满了。”

大师抓了一把沙子放进碗里，又问：“满了吗？”

“满了。”

大师又抓把香灰放进碗里：“真的满了？”

“真的。”

大师什么也不说，将一壶水倒进了碗中。

徒弟看到这里，终于明白了师父的良苦用心，赶紧跪地认错，恳请大师再收自己为徒。

知识好像砂石下的泉水，掘得越深，泉水越清。我们学习一样东西，很快就认为自己会了，但等到一经手，才发现还差得远，要创新更难，只有学习、再学习，精雕细刻，并在实践中反复锤炼，才能成为名副其实的专家。

三、“勤”铺坦途

古人说“书山有路勤为径”。读书要勤谨，终生坚持不懈，忙里偷闲学，才会学有所成。正如陶渊明所说：“勤学似春起之苗，不见其增，日有所长；辍学如磨刀之石，不见其损，日有所亏。”

陶渊明隐居田园后，有一天，一名少年前来向他请教求知之道。

少年说：“先生，晚辈十分仰慕您老的学识与才华，请您老传我读书妙法？晚辈定将终生感激！”

陶渊明听后，捋须笑道：“天底下哪有什么学习的妙法？只有笨法，全凭刻苦用功、持之以恒，勤学则进，怠之则退。”

少年听不明白。陶渊明便拉着少年的手来到田边，指着稻苗说：“你仔细瞧，看它是不是在长高？”

少年看后说：“晚辈没看见它长高。”

陶渊明道：“它没长高，为何能从秧苗长到现在这等高度呢？其实，它每时每刻都在生长，只是我们的肉眼无法看到罢了。读书求知以及知识的积累，便是同一道理啊！”

说完，陶渊明又指着河边一块大磨石问少年：“那块磨石为什么会有像马鞍一样的凹面呢？”

少年回答：“那是磨镰刀磨的。”

陶渊明又问：“是哪一天磨的呢？”

少年无言以对。

陶渊明说：“村里人天天都在上面磨刀、磨镰，日积月累，年复一年，才成为这个样子，不可能是一天之功啊！”

少年恍然大悟……

少年辛苦终身事，莫向光阴惰寸功。古往今来，没有人只依靠天分成功，多少饱学之士、成功之人，无不是搭乘勤学之梯，通往成功之门。古有“悬梁刺股”的苏秦，“凿壁借光”的匡衡，“隔篱偷学”的贾逵，“闻鸡起舞”的祖逖，他们都是刻苦学习的榜样。时至今日，我们提倡快乐学习，讲究学习方法，不必“三更眠五更起”。但是，勤奋学习仍是必要的。“勤学”贯穿我们一生，要努力使之成为习惯。勤奋是成功的通行证，坚持勤奋努力，就会取得人生成功。相反，即使天赋超群，也终将一事无成。

曾国藩是中国近代史上很有影响力的人物之一。然而，他小时候的天赋却并不高。有一天，他在家读书，把一篇文章反复读了不知多少遍，还在朗读，因为他还没有背下来。

这时候，他家来了一个贼，潜伏在屋檐下，希望等他睡觉之后捞点好处。贼人等啊等，就是不见他睡觉，还在翻来覆去读那篇文章。贼人大怒，跳出来说：“你这种水平读什么书？”然后将那篇文章背诵一遍，扬长而去！

“勤能补拙是良训，一分辛苦一分才。”那贼的记忆力很好，听过几遍的文章就能背下来，而且很勇敢，见别人不睡觉居然可以跳出来教训人，还要自作聪明地背书。但是，他好逸恶劳、不务正业，他的天赋没有用在正道上，更谈不上勤奋学习，他有可能成为“草上飞”似的大盗，决不可能成为对社会有用的人。

“黑发不知勤学早，白首方悔读书迟。”伟大的成功和辛勤的劳动是成正比的，一分努力一分进步，日积月累，十分劳动方见收获，奇迹才可以创造出来。爱因斯坦有句名言：人的差异在于业余时间。八小时之外，是一个有丰富弹性的广阔空间，谁利用得好，谁就会有出息。我们要有不放走一秒钟的学习精神，才能成就大业。

四、"思"得真金

书籍能把我们引入一个神奇、美妙的世界，使我们的生活丰富多彩，同时还让我们从书中获得知识和经验。但是"学而不思则罔，思而不学则殆"，这句名言告诉我们务必把学习积累和钻研思考相结合，深钻细研，不但要做到知其然，而且要知其所以然，才能获得真知。不然，读的书就是死书，没有多大用处。

据《南史·陆澄传》记载：陆澄从小好学，"行坐眠食，手不释卷"。但陆澄书读了不少，却学而无得，读《易经》三年，背得滚瓜烂熟，却不明书中含义，被时人讥为"书橱"。还有晋朝的傅迪、唐朝的李善，读书"淹贯古今"，用时"一筹莫展"，又被人嘲为"书麓"。

这几人都是藏书、读书的热心人，可就是学不能用，主要是一味地死读书、读死书，不求甚解，以至徒劳无功。科尔顿说："有些人为思想而读书——罕见；有些人为写作而读书——常见；有些人为搜集谈资而读书，这些人占读书人的大多数。"为思想而读书的人，必定是善于思考的人，他们讲究学习方法，常收到事半功倍的效果。读书要动脑思考，才能吸收书本上的知识，把它们和原有的知识融合在一起，变成自己的学问，来增长自己的知识和才干。

古人读书讲究三到：心到，眼到，口到。朱熹说：三到之中，心到最急，心既到矣，眼口岂不到乎？心到即"思"。"善思"是读书之要。

有这样一则故事：

我国明末清初文学家、戏曲家李渔，念私塾时，先生给他讲《孟子》的"虽褐宽博"时说："褐，就是穷人穿的衣服。宽博，即又肥又长。"李渔百思不解，既然是穷人的衣服，应做得短瘦一点，可省布料啊。他向先生提出疑问。先生答不出，只说是自己的先生也是这样讲的。带着这个问题，李渔到孟子说的穿褐衣的地方，请教了当地百姓，才知其中奥秘。原来，由于穷人生活苦，每人只做一件衣服，白天穿，晚上盖，不大一些难以遮盖全身。这才有了“虽褐宽博”的说法。

这个生动的故事说明，学贵有疑，学贵善思。我们只有边读书，边思考，才能探索到书中的深层含义；只有让思考伴随求知的全过程，才能真正把知识变为能力。

赵树理说：读书也像开矿一样，“沙里淘金”。特别是改革开放以来，国外的思想、学说涌进国门，令人应接不暇。青年人对新事物敏感，这当然是好现象。但也有些青年对外来的理论没有经过认真的思考和消化，没有和中国国情结合起来，盲目追逐，结果让自己的头脑成了外国理论的跑马场，其结果是邯郸学步、东施效颦。我们在读书时取其精华，去其糟粕，去伪存真十分必要；也只有在读书中认真思考，才能剔除糟粕，取得真金，最终才能灵活运用知识，做到学以致用。

一位美国汽车修理师爱说笑话。一天，他问一个博士：“博士，有一个又聋又哑的人到一家五金店买钉子，他先把两个手指头并拢放在柜台上，用另一只手做了几次锤击动作，店员便给他拿来钉子。他选出合适的就走了。博士先生，听好了，接着进来一个瞎子，他要买剪刀。你猜他是怎样表示的呢？”

博士举起右手，用食指和中指做了几次剪的动作。

修理师开心地哈哈大笑起来：“啊！你这个笨蛋。他当然用嘴巴说我买剪刀啦。”接着，他又颇为得意地说：“今天我用这个问题把所有的主顾都考了一下。”

“上当的人多吗？”博士急着问。

“不少。”汽车修理师说，“但我事先就断定你一定会上当的。”

“为什么？”博士诧异地问。

“因为你受的教育太多了。”

富兰克林说：“知识不等于聪明。勤于思考是避免愚蠢见识的唯一途径，千万不要过分相信自己的智商。”多读那些教人智慧的书，提高自己的思考能力；认真和那些有成就的人谈话，研究他们的方法和经验，我们就能进步得快一些。

五、“活”学活用

读书的根本目的是指导实践，所以读书一定要活学活用。只有把书学精了、读活了，将人家的东西化为己有，把书本知识和实际情况结合起来，具体情况具体分析，才会无往而不利，造福人类，这样的读书才有意义。

齐国有一个名叫田仲的人，自命清高，因不愿与达官贵人为伍而隐居乡间，自认为这样做十分明智。

宋国有个叫屈谷的人见他说：“我是个庄稼人，没有什么别的本事，只会干农活，特别是在种葫芦上很有方法。我有一个大葫芦，不仅坚硬得像石头一般，而且皮非常厚，以至于葫芦里面没有空隙。这是我特意留下来送给您的。”

田仲听后，对屈谷说：“葫芦嫩的时候可以吃，老了最大的用途就是盛放东西。你的这个葫芦虽然很大，然而它既不能装物，也不能盛酒，我要它有什么用处呢？”

屈谷说：“先生说得对极了，我马上把它扔掉。不过先生是否考虑过这样一个问题：您虽然不仰仗别人而活着，但是您隐居在此，空有满脑子的学问和浑身的本领，却对国家没有一点用处，您同我刚才说的那个葫芦不是一样吗？”

读书的最低要求至少是明白做人的道理，掌握生活的技能，实现生活的改善，并对社会有所贡献，这样的读书，才算是没白读，是读活书。但是，世上没有两片完全相同的叶子，也没有完全相同的人；书本只是告诉我们以前的经验和知识，而事物是发展变化的，情况千差万别，完全照搬书上的做法往往是不行的。

读书要读好书，并要好好读书，读对自己有用的书，做到活学活用，无须死记硬背。活学活用书本知识，用书中的道理去指导实践，肯定将对我们的事业有很大的帮助。福泽谕吉曾讲：“学问的要诀，在于活用，不能活用的学问，便等于无学。”鲁迅先生也讲：“必须和社会接触，使所读的书活起来。”书本知识来自实践，又指导实践，进而在实践中提升。将书中所学，在实践中去体验，产生学用结合、人书结合的综合效应，才能真正达到学以致用的目的，才能使自己在事业上有所发展、有所前进。

第四章　快乐在前，成功在后

第一节　快乐奋斗

快乐奋斗是快乐人生的主旋律，是人生成功之道，它铺就人生成功的坦途。

一、快乐是奋斗的力量源泉

人生最重要的快乐是成功，最理想的境界是“快乐有为”。“快乐奋斗”是追求成功者终生不懈努力前进精神力量的强大发动机。

（一）成功人生需要不懈奋斗

成功是每个人的梦想，追求成功是我们传统人生观的主要目标。但是没有人能随随便便成功，现实生活中能登上事业珠峰的人是少数，摘取桂冠的只有一个。由于每个人的情况千差万别，不如意的人必定是多数。要细细品味唐骏说过的一句话：“成功人士是不断超越自己的人。”因此，即便我们不能登上顶峰，一览众山小，但可以愉快地爬上半山腰，上望山峰美景，下览田野风光，这种感觉要比在平地上徘徊犹豫美妙得多。

人生在世，必然要生存发展，所以，人生下来就注定要奋斗一生，不管在什么时候、什么位置、什么样的外界环境，生活都不会有片刻停歇，梦想也不允许我们放慢脚步。那我们就奋斗吧！生命的价值亦在于无限的奋斗，没有奋斗的人生是平庸的人生，不敢奋斗的人生是懦弱的人生，不会奋斗的人生是悲哀的人生。只有具有奋斗精神的人，才是一个真正的强者；只有奋斗的人生，才是精彩的人生！

奋斗的力量是无穷的，是巨大的，是不可估量的。它可以使无变为有，使失败变为成功，使痛苦变成欢乐。但是，我们也要清醒地认识到：成功需要用一生去奋斗。让我们用奋斗的太阳照亮理想的世界，用勤劳的汗水铺就成功的道路，勇往直前吧！

（二）快乐是不懈奋斗的力量源泉

快乐是生命的风帆，是成功的力量之源。生命之舟扬起快乐的风帆，欢快地驶向成功的彼岸。当一个人快乐前行的时候，智慧女神向他招手，理想的大门为他打开，他开始有了“芝麻开门”的神奇力量，山不再高，水不再深，条条道路都是通向罗马的坦途。

奋斗需要快乐工作，快乐工作成就高绩效。美国的一项研究表明：薪水与职位不能让一个人对于自己所从事的工作有高度的承诺；唯有在工作本身实现自我，感到快快乐乐，才能持久。如果我们把快乐贯穿奋斗的全过程，再加上正确的努力方法，就肯定会拥抱成功！

前进的道路荆棘和鲜花并存。当我们披荆斩棘后，驻足小憩欣赏鲜花时，就会发现奋斗是一杯浓浓的咖啡，苦在外头，甜在心头。

二、快乐奋斗相伴快乐人生

快乐人生需要财富，但更需要快乐，需要快乐奋斗。彩虹应风雨的洗礼而生，成功因快乐奋斗而成。积极思考造成积极人生，消极思考造成消极人生。瀑布选择了惊险，才有飞流直下的美丽；海洋选择了宽广，方有容纳百川的大气；青少年选择了快乐奋斗，生命之花因此永远美丽！

大仲马说：“乐观是一首激昂优美的进行曲，时刻鼓舞着你向事业的大路勇猛前进。”是的，山再高，它高不过人的足；有快乐相伴，我们乐于用一生去攀登奋斗，沿途洒下前进的欢声笑语，直到将山踩在脚下。

三、快乐成功的坦途

成功是快乐奋斗酿成的一杯香醇的美酒，经过快乐学习、快乐工作、快乐生活的反复提炼，会变得十分甘甜可口。

（一）在快乐学习中百炼成才

快乐学习是快乐奋斗跑道上雪白的起跑线，是快乐人生清晨喷薄欲出的太阳。读好书，阅读成功者的传记，可以激发我们成功的欲望；向优秀的人学习，有助于树立远大理想；向万事万物学习，可以博采众长，增强我们的创新能量。一是在大学习中不断成长。积土为山，积水成海，终生快乐学习，广学博采，自学成才，不断超越自己。二是在重点学习中成才。善以工作为导向加强学习，立足工作岗位，以培养自己的实践能力和创新能力为重点，发扬钉子精神，潜心钻研业务知识和技能，努力把自己培养成一流的人才。三是在学习中创新。活学活用知识，不拘泥书本，不迷信权威，不依循常规，结合工作实践，深入思考，融会贯通各种知识和技能，大胆探索，独具匠心，积极提出自己的新思想、新思路、新方法，解决新问题，取得新成功。

（二）在快乐工作中建功立业

快乐工作会让人更好地发挥想象力和创造力，取得惊人的成绩。当一个人用快乐工作去迎接光明时，成功的太阳很快就会照耀他。

1. 明确奋斗目标。制定标准高、目标实、创意新的奋斗目标，能够激励我们在成功的道路上一生快乐前进。一是目标要“高”。美国总统林肯说：“喷泉的高度不会超过它的源头；一个人的事业也是这样，他的成就绝不会超过自己的信念。”因此，要有远大的理想、崇高的目标，以此激励自己的雄心壮志，激发自己的潜力和工作激情，奋勇前进，努力奋斗。二是目标要“实”。凡事预则立，不预则废。善于运用战略思维，充分剖析自己拥有的优劣势、机遇和挑战，结合未来的发展趋势，制定经过努力可实现的目标。三是目标要

“新”。没有新意的目标没有生命力，吃别人嚼过的东西淡而无味；只有新的创意，才能有新的成果，才能给世界带来新的阳光。制定既适合自身又与众不同的奋斗目标，开辟新路，避免千军万马过独木桥，更能走向成功。

2．享受工作乐趣。能够在工作中找到快乐的人，离成功只有一步之遥；而只将工作当做一种义务的人，将永远生活在劳苦里。请牢记快乐工作的秘密法宝并忠诚地实践：用成千上万次小小成功的快乐汇聚成一流工作业绩的欢乐海洋。

一是树立“工作快乐，快乐工作”理念。每天上班前就告诉自己“今天快快乐乐干工作，免得以后辛辛苦苦找工作”。“快乐工作”的人会散发出健康、愉悦、进取的光芒，使团队的人际关系谐和，创造力发挥到极致，让大家工作起来身心愉悦健康，忘掉工作的枯燥和平时的烦恼。

二是细分奋斗目标，天天享受成功喜悦。理想是要用一生去奋斗的目标，它可以远在天边。因而，我们要将理想的大厦细分成千千万万个小小的快乐驿站：从今天早上出发，晚上就能顺利到达；明天一早，迎着朝霞，我们又豪情满怀地迈开新的步伐。

三是每天进步一点点，快乐就多一点点。热爱自己的工作，从今天开始，就像养育自己的儿女一样对待工作。请经常这样激励自己：“每天一小步，天天都是新高度！每天一点乐，样样都是好工作！”

四是尽情欣赏自己的劳动成果。每根丝线、每张图纸、每件作品，都是我们工作的结晶、快乐的果实。像珍爱自己的生命那样珍惜自己的劳动果实，像欣赏艺术品那样欣赏自己的劳动成果，享受它们给我们带来的无穷乐趣。

3．善于绕道前行。追求成功、实现理想是一项长期复杂的系统工程，要有卧薪尝胆、打持久战的准备。快乐奋斗是人们逢山开路、遇水架桥的强大力量，但在高山绝壁阻隔时绕道前行，则是智慧的表现。事实上，人生没有几条便捷的直达理想的路径。今天工作的挑战性与日俱增，面对困境，先歇一歇，甚至换一个方向前行，可能效果更好些。不要在乎别人的嘲笑和讥讽，只要没有忘记前进的目标，保持快乐的思想，找出智慧的解决方法，理想的目标就会在不远处向我们招手。

4. 创造成功机会。追求事业的成功是快乐奋斗的最终目标。成功要靠天赋，靠努力，还要靠机会。但是，成功的机会不是每个人都能幸遇的。快乐奋斗的人善于看到事物积极的一面，不因循，不守旧，敢于实践，勇于尝试，更容易创造成功机会。快乐奋斗的人善于自我激励、自我学习、自我教育，甚至在逆境中也能享受挫折折射出的快乐，自觉地做出种种努力，从自身获得前进的动力。

（三）在快乐生活中和谐发展

快乐生活既是快乐奋斗的果实，又帮助快乐奋斗的人取得成功。有句谚语说得好："悲观的人虽生犹死，乐观的人永生不老。"所以，要做个快乐生活的人，做最好的自己。一是做一个身体最"棒"的人。炼就强健的体魄、乐观的心态，守住人生快乐奋斗的本钱。二是做一个情趣最"高"的人。培养良好生活习惯和有益身心健康的爱好，努力提高生活品味。三是做一个家庭最"和"的人。家庭和美是快乐奋斗的坚强后盾，请努力建设好"家"这个快乐生活的根据地。四是做一个名利最"淡"的人。名利是快乐的天敌，刻意追名逐利的人容易堕入地狱；追求内心的宁静祥和才能和快乐同在。五是做一个爱心最"厚"的人。像蜡烛一样燃烧自己，给别人光明，给自己温暖。

朋友，快乐奋斗吧！在奋斗中享受快乐，在快乐中取得成功，祝你一生快乐前行，直达人生"快乐有为"的理想境界。

第二节 快乐成功“四步曲”

在目标明确的工作中享受工作乐趣，智慧地解决前进中的困难，努力创造成功机会，成功就不再是“一将功成万骨枯”的累累白骨和风干的热血，而是快乐奋斗酿成的一杯香醇美酒，十分甘甜可口。

第一步 明确奋斗目标

生命之舟漂流在茫茫的大海上，需要正确的航向，才能到达成功的彼岸。但是，夜航的小船很容易失去方向。目标是生命之舟夜航的灯塔，是东方地平线上迎接太阳的“启明星”，是成功人生的起跑线。

一位父亲在草原上教三个孩子打猎，他问：“你们在这里看到了什么？”

大儿马上说：“我看到了草原、野兔、天空和猎枪。”

父亲听了摇摇头。

二儿接着答到：“我看到了草原、野兔、天空、猎枪、父亲、哥哥、弟弟和我。”

父亲失望地摇了摇头，把目光转向三儿。

三儿目光如炬，望着草原深处，坚定地回答：“我只看到野兔。”

父亲满意地笑了……

人生快乐成功的第一要务是明确奋斗目标。目标帮助我们排除不必要的犹豫和干扰，充分利用一切资源和能力，全力以赴去实现成功。相反，三心二意，甚至南辕北辙的人，必定失败。

我们都熟知龟兔赛跑的故事，善于奔跑的兔子被只能慢慢爬行的乌龟打败，这个结果多么不可思议。但是现实生活中惊人相似的事却比比皆是。人世间，有多少天资聪颖、条件优越的人一事无成；又有多少资质较差、家庭贫寒的子弟成就伟业。兔子失败的教训需要认真总结，乌龟胜利的智慧则值得倡议：一个人如果能够咬定目标不放松，克服困难往前冲，哪怕条件不够好，赛过天才亦非梦。

制定奋斗目标要做到以下三点：

其一，目标要“高”。

美国总统林肯说：“喷泉的高度不会超过它的源头；一个人的事业也是这样，他的成就绝不会超过自己的信念。”所以制定目标、规划事业蓝图，立志要高远。确立一个自己毕其一生努力能够实现的最终目标来激励雄心壮志，激发自己的工作热情和潜力，并让它成为思想的支点，前行的方向，全力去实践。

对一生都为某个目标而奋斗的人来说，生命是美丽的。但是，目标一定要建立在对自己的正确认识上，并在这个前提下，扬长避短，认真地做下去，天长日久，自然收获累累硕果。

原一平在27岁时进入日本明治保险公司，当时一贫如洗。

有一天，原一平向一位老人推销保险。等他说明来意后，老人注视他好久才说：“你的介绍丝毫引不起我的购买欲望。你在替别人考虑保险之前，必须先考虑自己，认识自己。先努力改造自己吧！让自己具有一种强烈吸引对方的魅力才行。”

“考虑自己?认识自己?”

“是的！赤裸裸地注视自己，毫无保留地彻底反省，然后才能认识自己。”

从此，原一平开始努力认识自己，改善自己，大彻大悟，终成一代推销大师。

其二，目标要“实”。

空中有雄鹰，更多鸟雀；地上有大树，更多小草。雄鹰翱翔天空，小鸟燕舞莺歌；大树为人们遮风蔽雨，小草为大地描红着绿。它们适得其所，都生活得自在幸福。如果指望麻雀飞过雄鹰，小草长成参天大树，定然失败痛苦。

有这么一则寓言故事：鹰突然从峭壁上飞下来，把一只羊羔叼走了。见此情景，穴鸟不甘示弱，刻意模仿鹰的做法，啪嗒一声猛扑到公羊背上，不料脚爪被公羊浓密的鬈毛缠住了，任它怎么拼命扑动翅膀，也休想再飞得起来。这时，牧人走上前，轻松捉住了穴鸟……

古今中外，人们都崇拜英雄。功成名就是很多人的美好追求，也没有一个人生来就注定平庸。但是，能够千古留芳的人毕竟屈指可数，绝大多数人最终不能建立彪炳史册的功业。每个人的能力、条件、机缘各不相同，只要我们不断超越自己，就是一个成功的人。因此，不必将双眼死盯住王侯将相、亿万富翁，最好是在深刻认识自己的基础上，运用战略思维，根据未来社会的发展趋势，制定经过努力可实现的目标。

其三，目标要“新”。

在现实生活中，我们常常有意无意忽略每个人特有的天赋和独有的专长，在从众的心理下向相同的方向前进。通向罗马的大道看起来宽阔平坦，但在千军万马过独木桥时其实很难，有的人甚至挤落水中，只成一枕黄粱梦。很多时候，我们走一条与众不同的小路，看似杂草丛生、荒僻无径，却更容易取得成功。

佛罗里达州有一位农夫买了一块地，既不能种水果，也不能养猪，只生长有白杨树及响尾蛇。他为此非常颓丧。

然而，他很快想到了一个好主意——他把响尾蛇体内的蛇毒取出来，送到各大药厂做蛇毒的血清；把响尾蛇皮以很高的价钱卖出去做女人的鞋子和皮包；把装着响尾蛇肉的罐头送到世界各地顾客的手里。

他的生意越做越大，接着搞起旅游开发，每年吸引两万多人前来参观他的响尾蛇农场。

这位农民在不利的情况下，另辟蹊径，把坏事变成了好事，创造出一片新天地。人们为了纪念他，将村子改名为佛州响尾蛇村。他最终名利双收。

第二步 享受工作乐趣

工作中不缺少快乐，只是少了发现快乐的眼睛。发现工作的快乐，享受工作中的乐趣，方能热爱工作，做工作的主人。

小晴去一个小花店买花。卖花的女孩听她报出几样花名之后，就转身到储藏室去了，接着传来了一阵呢喃细语。

小晴想，她在和谁说话呢？忍不住好奇，敲门问道："你和谁说话呀？"

她转过头浅浅地笑了，说："我在和我的花讲话呀！"

小晴十分诧异："在和你的花讲话？"

她一双纤纤素手麻利地忙碌着："我跟我的花随便聊几句，告诉这一枝说：你开得这么好，这么艳，我也留不住你了。再告诉那一枝说：你急什么嘛，小骨朵儿抱得那么紧，再过两天送你出门也不迟。"

小晴听得呆了。她告别女孩回家，一路心情灿烂。

也许，你要说：小妹妹从事的是花的事业，心情当然好；而我的工作又脏又累，有何乐趣？工作客观上存在差别，而且大多数人正为找的不是金饭碗而烦恼。但事实上，工作没有最好的，只有最适合的，更何况"三百六十行，行行出状元"呢？我们要么做自己喜欢的事，要么喜欢自己做的事，别无其他选择。如果我们每天用微笑迎接自己的工作，享受工作的快乐，脚踏实地把工作做好，就会发现自己越来越快乐，事业也越来越顺畅。

一要有"快乐工作"思想。

每天上班前就告诉自己：快快乐乐干工作，高高兴兴又一天。人生有很多的快乐就在工作本身，当我们辛勤工作时，快乐就悄然来到身边。

一群年轻人到处寻找快乐，一无所获，反而遇到了许多烦恼、忧愁和痛苦。

他们向苏格拉底询问快乐到底在哪里。

苏格拉底说："你们还是先帮我造一条船吧！"

几个年轻人找来造船的工具，锯倒了一棵又高又大的树，用了七七四十九天，挖空树心，造成了一条独木船。

独木船下了水，青年们把苏格拉底请上船，一边合力荡桨，一边齐声唱起歌来。苏格拉底问："孩子们，你们快乐吗？"

"快乐极了！"大家异口同声回答。

苏格拉底道："快乐就是这样，它往往在你为着一个明确的目标忙得无暇顾及其他事情的时候突然来到。"

二要细分奋斗目标，天天享受成功喜悦。

"九尺之台，起于垒土；千里之行，始于足下。"如果我们只是遥望最终目标，要在买到香车豪宅或者功成名就时才快乐，那么我们的一生比乞丐还可怜，因为乞丐尚能为每天讨得几个零钱窃喜或为残茶剩饭果腹而快乐满足。

最终目标永远不能忘记，但必须清楚人生只有用成千上万次小小成功的快乐汇聚成一流工作业绩的欢乐海洋，才能快乐成功。我们必须把着力点放在今天，美美地享受工作过程，尽心尽力做好眼下的工作，努力实现今天的目标，享受今天成功的快乐。在太阳重新升起的时候，我们再信心百倍地去迎接新的成功。分段实现大目标，给自己一天一个新的开始，奋斗的历程将永远都是轻轻松松、快快乐乐的。

1984 年，名不见经传的日本选手山田本一在东京国际马拉松邀请赛中，出人意料地夺得了冠军；两年后，他又在意大利国际马拉松邀请赛夺得冠军。记者两次请他谈经验，不善言谈的他只说了相同的一句话："用智慧战胜对手。"但是，没有人知道他的智慧是什么。

十年后，这个谜终于在他的自传中解开了。他说：每次比赛前，我都要乘车把比赛路线仔细地看一遍，并把沿途比较醒目的标志画下来，比如第一个标志是银行；第二个标志是一座红房子……这样一直画到赛程的终点。比赛开始后，我就以百米的速度奋力地向第一个目标冲去，等到达第一个目标后，我又以同样的速度向第二个目标冲去。40多公里的赛程，就被我分解成这么几个小目标轻轻松松跑完了。起初我并不懂这样的道理，我把目标定在40多公里外终点线上的那面旗帜上，结果跑到十几公里时就疲惫不堪了，我被前面那段遥远的路程给吓倒了。

设定一个正确的目标不容易，实现远大目标更难。在现实中，我们做事之所以常常半途而废，不是因为失败而放弃，而是因为倦怠放弃而失败。把一个大目标科学地分解为若干个小目标，落实到每天中的每一件小事上，是快乐工作的大智慧。

三要每天进步一点点。

专家是我们对在某一领域内有专长、造诣深厚之人的称谓。成为一个专家似乎很难。但是研究证明：一个人坚持一天专注某事一小时，十年后就能成为一名合格的专家。就算我们的奋斗目标和现在的工作无关，每天挤一小时也不难，但为什么专家又不多呢？问题在于有多少人十年如一日风雨无阻、雷打不动坚持一小时呢？世上无难事，只怕有心人。坚持每天进步一点点，不但快乐多一点，而且离成功的目标就近一点。正如登山，只要勇于登攀，哪怕每天只前进一小步，也是天天新高度，天长日久自然到达顶峰。

这个世上什么东西比石头还硬，或比水还软？然而软水却穿透了硬石，坚持不懈而已。人生伟业的建立，不仅在知，更在能行，知行合一、坚持到底是打开成功大门的金钥匙。

有个年轻人去微软公司应聘，而该公司并没有刊登过招聘广告。见总经理疑惑不解，年轻人用不太娴熟的英语解释说自己是碰巧路过这里，就贸然进来了。

总经理感觉很新鲜，破例让他一试。年轻人在面试中表现糟糕。他对总经理解释说事先没有准备。总经理以为他不过是找个借口下台阶，就随口应道："等你准备好了再来试吧。"

一周后，年轻人再次走进微软公司的大门，这次他依然没有成功。但比起第一次，他的表现好多了，而总经理给他的回答仍然同上次一样。

就这样，这个青年先后 5 次踏进微软公司的大门，最终被公司录用，成为公司的重点培养对象。

也许，我们的人生旅途坎坷曲折，歧路重重；也许我们追求的风景总是山重水复，难见柳暗花明；也许，我们虔诚的信念被世俗尘封，高贵的灵魂找不到寄放的净土……但我们依然可以坚定而自信地告诉自己说："快乐伴我梦，不怕苦与痛。每天进一步，天助我成功！"

第四，欣赏自己的劳动成果。

每个人的劳动成果都是自己汗水的果实、智慧的结晶，我们没有理由不去珍爱，哪怕只是一根丝线、一张图纸，或者一件不起眼的作品，都是我们努力的结果和社会价值的体现。尽情欣赏自己的劳动果实，像父母欣赏自己的儿女一样，享受她们给我们带来的成就感和乐趣，就能获得继续前进的强大力量。如果有一天，发觉自己的成果不够好时，无须气馁，更要高兴，因为我们又有了新的前进目标，更加芳香甜美的果实等着我们去摘取！

第三步　善于绕道前行

"成功之花，人们往往惊羡它现时的明艳，然而当初，它的芽儿却浸透了奋斗的泪泉，洒满了牺牲的血雨。"冰心老人这句话告诉我们，成功的过程绝不会一帆风顺，一定会遇到困难，甚至有"粉身碎骨"的危险。快乐奋斗的人善于苦中找乐，好以失败为师。因为，我们知道一时的失败并不可怕，成功就在困难身后。只要精神不滑坡，办法总比困难多；困难越大，机会越多。

在事业成功的道路上，常常面临虎狼拦路、高山峡谷阻隔的困境。这时，如果逞匹夫之勇，不是落入虎口，就是跌落山崖，休说快乐成功，连命也送了。该怎么办呢？

有个故事很经典：一天，有人找到一位会移山大法的大师，请其当众表演。大师在一座山的对面坐了一会儿，就起身跑到山的另一面，然后宣布表演完毕。众人大惑不解。大师道："这世上根本就没有移山大法，唯一能够移动山的方法就是：山不过来，我就过去。"

现实世界中有太多的事情就像大山一样，是我们无法改变的，或是暂时无法改变的。"移山大法"告诉我们：如果无法改变事情，就改变自己。当然，世上难找绝境，但常有对处境绝望的人。消极的人受环境控制，积极的人主动应变环境，面对困境我们实在没必要太悲观。

有人说，这个世界上卖豆子的人应该是最快乐的，因为他们永远不必担心豆子卖不出去。卖豆人把卖不出去的豆子拿回家发豆芽，几天后就可改卖豆芽。豆芽卖不动，就让它长大些，变成豆苗。如豆苗还是卖不动，再让它长大些，移植到花盆里，当做盆景来卖。如果盆景卖不出去，那么再把它移植到泥土中继续生长。几个月后，它结出了许多新豆子。一颗豆子变成了上百颗豆子！

坚定地向我们的目标前进是对的，但是回避不可抗力的伤害，保存实力以利再战，更是智慧的表现。不要因为没有做一个莽撞的勇士，惧怕别人的嘲笑和讥讽，只要在心中没有忘记前进的目标，在天时地利人和时再大步前进，我们就能赢得最后的胜利。

芦苇和橄榄树争论谁坚定强大而又刚中有柔。橄榄树讥笑芦苇软弱无能，一遇大风就点头哈腰。芦苇听了此话默不作声，未加辩驳。嗣后不久，狂风大作，芦苇顺势摆动，随风俯仰，轻易地躲过了狂风的侵袭；橄榄树则奋起对抗，喀嚓一声被风吹折了。

这个故事让我们知道：并非所有的前进都好，也不是所有的后退都是逃跑；适时进退才是妙招，它让前进的道路更加清晰明了。

第四步　创造成功机会

成功要靠天赋，靠努力，还要靠机会。但是，成功的机会不是每个人都能幸遇的，还有一些人习惯性地将机会白白扔掉。

有个想发财的年轻人，只要一听到哪里有财路，就不辞劳苦去寻找。有一天，他听说附近深山中有位白发老人，若有缘与他见面，就有求必应，肯定不会空跑。

于是，年轻人连夜赶上山，苦等了 5 天，终于见到了老人。他请求老人赐给他珠宝。老人便告诉他说："每天清晨，太阳还没有升起时，你到村外的沙滩上找到一粒握在手里很温暖而且会发光的'心愿石'，就会如愿以偿。"

青年人谢过老人，立刻赶回村里。每天清晨，他便在海滩上捡拾石头，一发觉不温暖又不发光的，便丢下海去。日复一日，月复一月，他在沙滩上寻找了大半年，始终没找到"心愿石"。

有一天，他如往常一样，在沙滩开始捡石头，并信手丢下海去。一颗、两颗、三颗……"哇…"青年人突然哭了起来，因为他刚才习惯地将那颗"心愿石"随手丢下海去后，才发觉它是"温暖"的！

机会降临眼前，好多人都习惯地让它从手上溜走，一旦发觉时，就后悔莫及了。"哭"和"早知道"毫无用处，为失败找借口只能让我们又一次喊"糟"，主动创造成功机会方是正道。

小张、小王、小李三个年轻人同在一家不错的公司上班，都年富力强，工作积极主动，富有上进心。

小张经常想：如果有一天能见到老总，有机会展示一下自己的才干就好了！

小李也有同样的想法。为此，他打听老总上下班的时间，算好老总何时进出电梯。他也在这个时候去坐电梯，希望能遇到老总，有机会打个招呼。

小王找人详细了解老总的奋斗历程，弄清老总毕业的学校、人际风格、关心的问题等，精心设计了几句简单却有分量的开场白，在算好的时间去乘坐电梯，跟老总打过几次招呼后，终于有一天找到机会跟老总长谈了一次，不久就争取到了更好的职位。

愚者错失机会，智者善抓机会，成功者创造机会。机会从来只

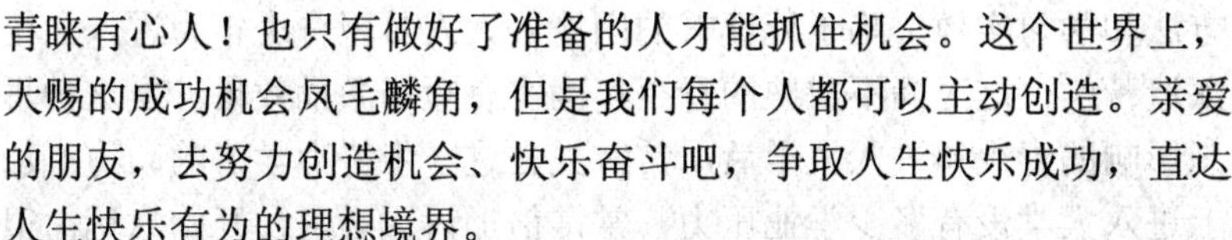

青睐有心人！也只有做好了准备的人才能抓住机会。这个世界上，天赐的成功机会凤毛麟角，但是我们每个人都可以主动创造。亲爱的朋友，去努力创造机会、快乐奋斗吧，争取人生快乐成功，直达人生快乐有为的理想境界。

第三节　我快乐，我成功

柏拉图说："成功唯一的秘诀，就是坚持到最后一分钟。"因为只有做自己喜欢的事，真切地感到快乐，才有坚持到底的力量，所以人生因快乐而成功。

一、和"苦学"说不

爱因斯坦说："教育应当使所有提供的东西让孩子们化为一种宝贵的礼物，而不是化为一种艰苦的任务，让他去负担。"这一至理名言，我们要切记在心，指引青少年变苦学为乐学。

（一）苦学理念后患无穷

学习本身是快乐的。但受传统思想影响，人们一提勤奋学习便想到"十年寒窗苦"、"学海无涯苦作舟"等古训。"头悬梁、锥刺股"等苦学的故事广为传颂，似乎只有苦学才能学业有成。殊不知，"苦读成才"理念把学习变成苦差，贻害无穷。

一是不符学习快乐的事实，妨碍乐学精神的建立。学习是人类成为百灵之长、万物之尊的根本力量，同时是人生发展进步成功的力量。学习是快乐的，只是人们过分追求学习的功利目的，才把学习由乐变苦。青少年的生理特点决定他们的学习方式是：求知，求新，求美，求乐。这就要求寓教于乐，让学生在轻松愉快中接受科学知识，陶冶美的情操，养成乐学的习惯。

二是苦学理念不合人性，苦学最终导致厌学。趋乐避苦是人的本能。苦是人性所恶，希望通过苦学来获得将来生活的甘甜，幸福人生很可能是空中楼阁；而且人的思维局限于苦学，就会忽略学习方法和学习实效，陷于死读书的困境。大人希望青少年为进入名校深造苦学，这对尚不成熟的青少年确实有短期激励效果。受这种思想影响的青少年进入大学后，常常失去进一步努力学习的动力；加上进入大学没有多少学业压力，常常倍加讨厌学习，开始疯玩。很多大学生都是玩了四年后毕业，虚度了人生最好的学习时光。这应该是不少“天之骄子”毕业即失业的重要原因之一。即使很多皓首穷经的博士生，一踏出校门，就再也不亲近书本了，还美其名曰“实践出真知”。这就是苦学的最终恶果。

三是苦学理念将应试教育极端化，导致学生高分低能。在升学率等功利目标重压下，应试教育大行其道。大多数学校和老师采用高强度的考试训练和布置大量的作业来提高学生的考试成绩。初三和高三学生三更眠、五更起的现象十分普遍，基本的睡眠需要都不能保障。严酷的应试教育不仅严重损害青少年的身心健康，伤害了学生的学习热情，还无情地扼杀了青少年的创造力。片面强调分数而不是青少年能力和素质的培养，最终导致学生高分低能成为必然，这是我们的教育为什么培养不出杰出人才的重要原因。

据新华社报道说，应试教育让许多孩子讨厌数学，即使在“奥赛”中培育出的优秀数学苗子，他们多半“告别”数学舞台。并引用北京师范大学刘坚副教授的话说：“在奥林匹克数学竞赛中获奖的不少人不愿继续从事数学研究，个别人甚至表示一辈子不愿意接触任何数学符号。”

参加国际数学“奥赛”，我国的金牌总数常常高居榜首，在我们为之欢呼的时候，国家却为数学人才断层而苦恼。为什么会出现这般尴尬局面呢？美籍数学家魏诗曙回答了这个问题。他说，中国在数学“奥赛”上年年满载而归，一个重要原因是这些选手都是层层选拔，并在参赛前经过严格的强化训练的；而在国外，参加竞赛是自由的，没有一个国家像中国这样重视。赛前的强化训练可以用“残酷”一词来形容，机械烦琐的“题海”战术，不仅仅泯灭了孩子们独立思考的能力，更重要的是伤害了孩子幼小的心灵，致使孩子厌学，产生逆反心理。在学校，孩子处于被动被迫的地位，一旦觉悟，于是顽强地反抗：你要我学，我就偏不学。所以天天攻克数学难题的“奥赛”精英，到头来却最讨厌数学，以至放弃数学，走向成人愿望的反面。

“奥赛”尖子讨厌数学的现实，值得每个人深思。教师家长们，为了祖国的花朵花开满园，摒弃苦学理念吧，让青少年快乐学习，充分享受学习的乐趣，养成乐学的习惯，健康成长为人类的栋梁。

（二）坚定不移快乐学习

快乐学习必须淡化学习的功利性，大力推行素质教育。在应试教育的大环境下，青少年读书求知十分辛苦，更需要建立快乐学习理念。“有志者以学为乐，平庸者以学为苦。”为了升学苦学，多半因小失大，得到点眼前小利；为了追求真理，求取真知，坚持勤奋学习，苦中求乐，最终才能成才。

一名青年向富翁请教成功之道。富翁却拿了三块大小不一的西瓜放在青年面前问：“如果每块西瓜代表一定程度的利益，你选那块？”

“当然是最大的那块！”青年毫不犹豫地回答。

富翁一笑：“那好，请吧！”

富翁把那块最大的西瓜递给青年，自己却吃起了最小的那块。富翁很快吃完了，随后拿起桌上最后一块西瓜得意地在青年面前晃了晃……

吃完西瓜，富翁对青年说：“要想成功，就要学会放弃，只有放弃眼前利益，才能获取长远大利，这就是我的成功之道。”

现代社会竞争十分激烈。青少年为了升学拼命苦读，也许能如愿考一个好点的学校，先吃到较多的西瓜。但如果因此损害身心健康导致厌学，最终得不偿失。众多研究表明，人在压抑、痛苦的情绪中，做事往往事倍功半，长期下去还会忧郁成疾。相反，如果追求学习的快乐，不仅能养成乐学的习惯，终生受益；而且仅就升学来说，一个乐学的学生，不用家长和老师督促，自会攀登于书山之上，泛舟于学海之中，自然取得好成绩。事实上，很多考入清华、北大等名校的学子，都是乐学的青少年。

不同的学习观，产生不同的学习状态；不同的学习状态，决定学习的成败。乐学者不仅将赢得未来，同样不会输掉现在。为升学苦读的许多平时成绩优异、高考却紧张失利的学生就是例子。乐观者能苦善乐，直至化苦为乐，常常超水平发挥，取得成功。

我国民间流传着这样一个故事：

两个秀才一起去赶考，路上遇到一支出殡的队伍，看到一口黑乎乎的棺材。

一个秀才心里立刻凉了半截，心想：完了、完了，赶考的日子居然碰到这个倒霉的棺材。当他走进考场时，脑海中仍挥不去那黑乎乎的棺材，考试时心情糟糕，文思枯竭，结果名落孙山。

另一个秀才心想，棺材不就是又有“官”又有“财”吗？好兆头，看来今天我鸿运当头了！于是，他高高兴兴进了考场，文思泉涌，下笔有神，果然一举考中。

回到家里，两个秀才都说：“那棺材好灵啊！”

子曰：“学而时习之，不亦说乎？”青少年正是专门读书学习的大好时期，一定要坚持快乐学习，通过学和思来开启心智，明白事理，增长智慧；通过习和行来掌握技巧，提高能力，为成功人生夯实根基。

二、拒绝高分低能

古代有纸上谈兵误国害己的赵括。今天的应试教育则产生了“高分低能”，危害不止一代人。

（一）痛心的“知识改变命运”

“知识改变命运”。这句名言激励无数贫寒子弟发愤读书，立志用知识改变人生的命运。但是，这句话在大学生就业难的现实面前又显得苍白无力。贫困子弟不读书难有出路，但绝不能死读书。如果迷信“知识改变命运”，在读书与命运之间做出脱离实际的幻想对接，最后必然伤害自己。

有一个人去算命。算命先生给他摸了摸骨，相了相面，掐了掐指，测了八字之后，一本正经地说：“你20岁恋爱，25岁结婚，30岁生子，一生富贵平安，家庭幸福，晚年无忧……”

此人先是惊愕，接着勃然大怒，指着算命先生道：“你胡说八道！我今年30岁，获得博士文凭，至今还光棍一条，连恋爱都没谈过。”

算命先生听了，并不着急，稍稍想了想，说：“年青人，知识改变命运啊！”

这是一个心酸的“知识改变命运”故事，让人哭笑不得。“读书无用论”在大量大学生毕业就失业的严峻现实面前不断抬头，这是教育的悲哀。“知识就是力量。”培根的名言如雷贯耳。知识能够改变命运，这是肯定的，但必须清楚：并非知识一定改变命运。知识只有在实践运用中才产生价值，进而改变运用者的人生命运。青少年要从自身实际出发读书求知，不要盲目追求高文凭、高学历，要重视工作和生活中的学习，着力提高工作能力和生活技能，人生才能更精彩。

（二）状元职业表现的启示

2009年5月，咨询专家蔡言厚教授带领课题组发表了《中国高考状元调查报告》。这份调查报告给高考状元的崇拜者们狠狠地泼了一瓢冷水：32年间的高考状元几乎没有一个成为做学问、经商、从政等方面的顶尖人才；状元毕业后职业发展较少“出类拔萃”，职业成就远低“社会预期”。

每年高考后，各地的“状元”十分风光，但是他们最终没有交出一份满意的职业答卷，与人们的期望相距甚远。“赢得高考，终生美好。”这不过是美丽的谎言。高考定不了终生，这是无须证明的事实。大学不再是精英教育，大学生毕业即失业现象越来越严重。这是应试教育必然结出的苦果，全社会都应该深刻反思。

数学大师陈省身生前为中国科技大学少年班题词：不要考 100 分。中国科技大学校长朱清时解释说，原生态的学生一般考试能得七八十分，要想得 100 分要下好几倍的努力，训练得非常熟练才能不出小错。要争这 100 分，就需要浪费很多时间和资源，相当于土地要施 10 遍化肥，最后学生的创造力都被磨灭了。

现在的学生考试分数常常很高，让老师家长为他们骄傲。但是他们参加各种职业考试的成绩往往又很低。这巨大的反差正是读死书的生动写实。

梁启超说："少年智则中国智，少年富则中国富，少年强则中国强，少年进步则中国进步。"我们的教育当以培养优秀人才为目标，而非考试专家。课本知识的过度开发会抑制人的创造能力和技能发展，海纳百川、博采众长、知行合一才是成才之道。在知识飞速增长的今天，青少年只有掌握科学的学习方法、培养乐学精神和增强创新能力，才能在以后的职场上取得更大成绩。

（三）将学习进行到底

学习是"学、思、习、行"的总称。现实生活中，我们常常把学习狭隘化了，认为读书才是学习，加上应试教育的功利目的，因此只重视学习教科书，把学习中更重要的"思、习、行"等内容淡化、甚至有意无意抛弃了。

思考是智慧之母。孔子就说"学而不思则罔，思而不学则殆"。只有经过深入思考掌握的知识，才能在实践中灵活运用。同时，在实践中进一步学习，可以很快提升工作能力。

为了分数，学校、家庭和学生都不重视"习和行"实践活动，学生整天专心做题和应对考试。依靠题海战术训练出来的学生只会考试，不会做事，更谈不上创造力，自然出现高分低能现象，这是应试教育的悲哀。我们要培养面向社会、面向未来、面向世界的人才，必须把学习进行到底，大力倡导“大学习”理念，把学习的“学、思、习、行”全部落到实处，才能培养出优秀人才。

有一个秀才去买柴，他对卖柴的人说：“荷薪者过来！”卖柴的人听不懂“荷薪者”什么意思，但是听懂了“过来”两字，于是把柴担到秀才面前。

秀才又问：“其价如何？”卖柴的人不太懂这话，但是听得懂“价”这个字，于是告诉秀才价钱。

秀才接着说：“外实而内虚，烟多而焰少，请损之。”这话卖柴的人因为听不懂也猜不到，就担着柴走了。

现代青少年，再也不要去做故事中的秀才，要多在实践中学习，把理论知识和千变万化的实际环境结合起来灵活运用，把书本知识和社会知识结合起来，增长自己的才干，才能在工作和生活中如鱼得水，充分享受到工作和生活的乐趣。

三、人生因快乐成功

人生因快乐而成功，所以不要生气要争气，不要悲观要乐观，不要心动要行动，用快乐奋斗去赢得快乐成功。

（一）快乐人生即成功

有人说：成功学已成为现代社会的毒药。这是因为成功学以速成为噱头，以名利为药效，误导急于走捷径成为人上人的年轻人投身其中，投机成瘾，信仰厚黑学，讲究权谋，常常损人不利己。

老子说：大器晚成。人要成就大业，必须脚踏实地，一点一滴地积累。万丈高楼平地起，这是非常朴素的道理。青少年要遵循自己的天赋特长和爱好，学会享受学习、工作和生活中的点滴快乐，在快乐中坚持不懈地前进，功到自然成。奢望一夜成名定然失败痛苦。连说“女人出名要早”的天才作家张爱玲的一生也不幸福，充满磨难坎坷，何况一般人。一定要知道，对于人生来说，快乐本身就是最大的成功。

20 世纪初，一位少年梦想成为伟大的小提琴演奏家。他一有空就练琴，练得心醉神痴，却进步甚微。

有一天，少年去请教一位老琴师。老琴师说："孩子，你先拉一支曲子给我听听。"少年拉了帕格尼尼 24 首练习曲中的第三支，简直破绽百出。

一曲终了，琴师问少年："你为什么特别喜欢拉小提琴？"

少年说："我想成功。我想成为帕格尼尼那样伟大的小提琴演奏家。"

老琴师又问道："你快乐吗？"

少年回答："我非常快乐。"

老琴师说："孩子，你非常快乐，这说明你已经成功了，又何必非要成为帕格尼尼那样伟大的小提琴演奏家不可？在我看来，快乐本身就是成功。"

少年听了琴师的话，深受触动。他终于明白过来，快乐是世间成本最低、风险也最低的成功，却能给人真实的受用。倘若舍此而求他，就很可能会陷入失望、怅惘和郁闷的沼泽。自此，少年仍然常拉小提琴自得其乐，但不再受困于帕格尼尼的梦想。

故事中这位少年就是伟大的爱因斯坦。他在小提琴上享受的快乐，帮助他成了伟大的科学家。

人生快乐在前，成功在后。有的人经过努力，能够干出一番事业，但大多数人只能平凡一生。我们没有伟大的事业，用不着后悔，但一定要拥有幸福的人生。在现代物质文明条件下，我们绝大多数人都能过得快乐幸福，因为幸福人生并不需要太多的金钱和崇高的位置，有基本的物质保障加上快乐人生思想就可以了；而且人生往往就像故事中的爱因斯坦一样，在演奏小提琴的快乐中成就伟大的事业。

（二）艰苦奋斗快乐加油

艰苦奋斗是党团结和带领人民万众一心实现国家富强、民族振兴的强大精神力量。我们国家人口众多、资源不足，要持续发展，屹立于世界民族之林，必须长期坚持艰苦奋斗。但对个人来说，则要大力倡导快乐奋斗。我们要深刻认识快乐的价值，运用快乐的力量终生坚持奋斗，同时学会以勤奋为乐，才能取得人生的成功，同时奉献社会。

有位作家记述了当兵时的往事：

20 世纪 70 年代末，在青海高原海拔 4500 米的关角山下当铁道兵的我，常常和一位特别爱读书的老兵去登山。

登山的时候常常遇到在陡峭的山岩上轻盈飞奔的野黄羊。“你看我们，每爬几步就要停下来喘半天气，可是那些黄羊，一天到晚都在那么险峻的山岩上跑来跑去，好像一点也不觉到累啊。”我说。“那是它们已经将自己在陡峭山岩上的生活，当成一种常态了啊。”老兵说。

有时候则是见那些十来岁的牧童，一边唱着悠扬的歌声，一边赶着雪白的羊群，只一会的功夫，就从我们身边“飘”到山那边去了。“唉，我要是能有那么好的体力，能够在海拔这么高的地方活得如此轻松自如，那该多好啊！”我又说。“你要是从小就在高原上生活，让这种赶着羊翻山越岭地跑来跑去成为你生活的常态，那你也是可以毫不费力就能翻过一座座崇山峻岭的啊！”老兵又说

接着他又说出这样一番话来：“其实很多科学家和文学艺术家，他们之所以能够取得常人难以想象的成绩，就是因为他们将那些常人难以想象的吃苦受累当成了生活的一种常态，而一旦他们将吃苦受累当成了生活的常态，苦呀累啊在他们的感觉里反而不算什么了——也许局外人会赞叹他们多么了不起、不容易，但他们自己却觉得很平常。”说得我心里暗自一动。也正是从那时候起，我开始了将艰苦的写作当成自己的“生活常态”来看待、来坚持，哪怕是遇到再难理喻、再难忍受的事，我也不中断、不放弃。

从历史上看，宗教信仰、意识形态和政府很少鼓励老百姓追求

快乐，统治者侧重鼓励辛勤工作和对共同利益的奉献精神。我国的传统文化在这方面表现得尤为突出。现代社会，生产力高度发达，物质产品极大丰富，机械教导青少年艰苦奋斗已不适时宜。想当年，红军在长征途中那样艰苦的环境中，也常常举行一些篝火晚会来激励士气。快乐是生命灵魂的力量，是人生的终极价值。注重快乐，提倡快乐学习、快乐工作和快乐生活是社会文明进步的表现。当然，在一时难以改变的应试教育大环境下，青少年一方面要学会以辛苦为乐，在勤奋学习中找到学习的乐趣；另一方面要充分发展自己的特长爱好，既为学习加油，又为以后快乐工作铺路架桥。

（三）爱好练就天才

高尔基说："天才是由于对事业的热爱感而发展起来的，简直可以说，天才就其本质而论：只不过是对事业、对工作过程的热爱而已。"对青少年来说，精力和时间有限，学校的教育资源也有限，在全面提升基础素养的同时，要聚焦自己发展的志趣，才能充分地利用学习时间与各类资源培养爱好和特长，保持持续的内在发展动力。

有三个这样的孩子：

第一个孩子 4 岁才会说话，7 岁才会写字，老师对他的评语是："反应迟钝，思维不合逻辑，满脑子不切实际的幻想。"他曾经遭遇到退学的命运。

第二个孩子曾被父亲抱怨是白痴。在众人的眼中，他是毫无前途的学生，艺术学院考了三次还考不进去。他叔叔绝望地说："孺子不可教也！"

第三个孩子经常遭到父亲的斥责："你放着正经事不干，整天只管打猎、捉耗子，将来怎么办？"所有教师和长辈都认为他资质平庸，与聪明沾不上边。

这三个孩子分别是爱因斯坦、罗丹和达尔文。他们在各自领域都取得了彪炳史册的伟业，这主要得益于他们对自己喜爱的事业全身心投入，是爱好让他们取得了巨大成绩。

在现实生活中，那些最自信、最成功的人，无一例外都在从事着他们最感兴趣的职业。一项相关统计研究结果发现，大多数成功者都有一个共同点：不论聪明才智的高低，不论是从事哪一个行业，担任什么职务，他们都在做着自己最感兴趣也最擅长的事。

爱好是天才的导师。只有那些顺应自己内心呼唤，以自己的爱好为导向的人，才能真正从自己的职业生涯中找到自信、获得成功、得到快乐。因此，青少年一定要在努力学习书本知识的同时，发展自己的爱好，为实现梦想插上飞翔的翅膀。

第五章　养成快乐生活的习惯

第一节　良好习惯受益终身

俗话说："习惯养得好，终身受其益。"从小养成好习惯是青少年一生最重要的功课。

一、习惯的力量巨大

习惯成自然，自然成大道。青少年时期养成的习惯，将伴随人一生，所以青少年必须努力培养好习惯，乘着良好习惯这艘帆船，乘风破浪，顺利到达成功的彼岸！

（一）习惯从小养成

习惯并非天生，而是从小养成。习惯由不断重复行为而得，受家庭环境的影响最大。

有个"一岁的网虫"的报道：

谁都不敢相信，今年才一岁的刚刚，却是上海最小的"网虫"。他刚学会叫"爸爸、妈妈"，却每天至少有两个小时泡在电脑前面。在他的世界里，小手只要碰一碰鼠标，就会有新的图画出现，电脑里的东西总是在变，五颜六色，特别新奇。年轻的父母看不下去了，强行将电脑关上，刚刚就哭个不停。不得已，他们向医生求救。经过询问，医生发现，原来刚刚的爸爸就是一个电脑成瘾的人。刚刚一生下来，爸爸就把他抱在膝盖上，看着自己上网玩游戏。时间一长，刚刚就"遗传"了爸爸的电脑瘾，产生了依赖性，成了一个小网虫。

榜样的力量无穷。父母要做儿女心中的英雄。孩子养成的种种习惯，常常是父母习惯的翻版。因此，要让青少年养成良好的习惯，父母要特别注意表现自己的德行，用潜移默化的方式去影响子女。同时，幼儿园也是帮助儿童养成好习惯十分重要的地方。

1987年，75位诺贝尔奖获得者在巴黎聚会。有人问一位诺贝尔奖获得者："您在哪所大学、哪个实验室学到了您认为最主要的东西呢？"

出人意料，这位白发苍苍的学者回答说："是在幼稚园。"

"在幼稚园学到些什么？"

学者答到："把自己的东西分一半给小伙伴；不是自己的东西不要拿；东西要放整齐；吃饭前要洗手；做错事情要表示歉意；午饭后要休息；要仔细观察周围的大自然。从根本上说，我得到的全部东西就是这些。"

这位学者的话得到了与会科学家的赞同。

（二）习惯的力量惊人

习惯有一种巨大的惯性力量，是人类行为的发动机。这一点大家都知道。

有父子俩住在山上，每天赶牛车下山卖柴。父亲驾车，山路弯道多，儿子眼神较好，总是在即将转弯时提醒道："爹，转弯啦！"

有一次父亲病了，儿子一人驾车。车到弯道，牛怎么也不肯转弯。他下车又推又拉，用尽各种方法诱牛前行，牛却一动不动。

儿子百思不得其解。最后想到一个办法。他左右看看无人，贴近牛的耳朵大声叫道："爹，转弯啦！"

牛应声而动。

牛因条件反射工作，人则以习惯生活。一个人从小养成的习惯在很大程度上决定了一个人一生的命运。坏习惯有如一张网，我们每天织厚一层，最后被它网住，插翅难飞。坏习惯常和感官的享乐和惰性相连，很容易养成，却很难伺候。坏习惯侵蚀人高贵的灵魂，磨灭前进的力量，让大多数人最终成为凡夫俗子。好习惯有如绳索，我们每天织粗一点，最后它粗大得无法折断，牵引我们战胜一切困难，不断前进。好习惯有如燃油，随时给机器加一点，人生就获得源源不断前进的能量。好习惯需要千锤百炼才能养成，但是一旦养成，就很容易坚持下去，让我们终身受益，带领青少年登上成功的顶峰。

二、把恶习赶出心房

一位哲人说：“人应当支配习惯，而决不是习惯支配人。不能去掉坏习惯，那简直不值一文。”坏习惯害死人。青少年要立志做最好的自己，坚决把坏习惯赶走。

一只蝎子要过河，因怕他乱咬，没人愿渡他。这时，过来一只青蛙。蝎子央求青蛙带他过河。青蛙说：“我带你，你到河中央咬我一口，我怎么办？”“不会的，我要是咬你，我不也被淹死了吗？”蝎子肯定地说。青蛙觉得有道理，就答应了。

在河中央，青蛙吃力地划着水，突然感到一阵疼痛，渐渐地连划水的力气都没有了。他知道是背上的蝎子咬了他，自己中毒了。临死前，他望着蝎子怒斥说：“你为什么要咬我？”蝎子也快淹死了，绝望地说：“我忍不住。”

蝎子在关系自己生命安全的情况下，控制不住咬人这种习惯性行为，把自己和青蛙都推向了死亡。坏习惯就是这样，不仅给自己带来灾难，还常常连累亲人朋友遭殃。

（一）远离懒惰

屠格涅夫说：“你想成为幸福的人吗？但愿你首先学会吃得起苦。”吃得苦中苦，方为人上人。这话虽功利，却很实际。成功之人，各有窍门，唯勤奋相同，没一个懒人。

一只小青蛙厌倦了常年生活的小水沟，而且沟里的水越来越少，没有什么食物了。它每天都不停地蹦，想要逃离这个地方。而它的小伙伴整日懒洋洋地蹲在浑浊的水洼里，说：“现在不是还饿不死吗？你着什么急？”终于有一天，小青蛙纵身一跃，跳进了旁边的一个大河塘。

小青蛙呱呱地呼唤自己的伙伴：“你们快过来吧，这边简直是天堂！”它的同伴却说：“我们从小就生活在这里，懒得动了！”

不久，水沟干了。小青蛙的同伴接着饿死了。

懒惰困终身，何来幸福寻。鲤鱼跃龙门，快乐奋斗成。书山有路勤为径，学海无涯乐作舟。青少年是早晨东升的太阳，有光明远大的前程，一定要远离懒惰，用勤奋学有所成。

（二）把悲伤赶出心房

精神需要快乐，就像身体需要食物。但是，人生确实有许多忧愁烦恼，甚至还有意想不到的伤害。在困难面前，把悲伤赶出心房，保持开朗的性格，可以使自己保持愉快的心情，感觉到人生的和谐与光明，增加战胜残酷命运的力量，在困境中看到希望。

儿科病房里，有两个可爱的小女孩，她们都因为患有先天性心脏病接受了手术治疗。手术使小女孩幼嫩的胸脯上留下了一道深深的疤痕。

一个小女孩很伤感，常常泪水涟涟地说：“这可恶的伤疤使我不再完美，我诅咒！”而另一个小女孩却笑盈盈地对人说：“感谢这伤口，它使我拥有了健康的生命，我感激！”

因为任何事物皆有两面性，所以同样一件伤心事，在乐观者和悲观者眼里大不一样。比如下雨天，有人说麻烦，有人说浪漫。乐观的人，在不幸中能看到幸运的一面，把精力聚焦在事物的正面，因而能感受到生命的阳光，拥有了信心的力量，坚持不懈地前进，从而使人生更美好。

有个女人到沙漠里的军营去探望她的丈夫。不久，丈夫出差，留下她一人。风不停地刮着，周围是陌生的墨西哥人和印地安人，没有人和她说话。她难过极了，写信向父亲诉说痛苦。父亲的回信只有两行字：“两人从监狱的铁窗往外看，一个看见烂泥，一个看见了星星。”从此这两行字铭刻在她心中，使她的整个一生为之改观。

（三）拒绝享乐的诱惑

人天生就会享受感官的快感，享乐因此具有强大的天然惯性力量。青少年要清楚这个道理，不断增强理性的力量，抵御享乐的诱惑，从小养成勤劳俭朴的生活习惯。古话说：“由俭入奢易，由奢入俭难”，从小知道节俭是一生的快乐财富。

相传苏东坡一日与佛印和尚对饮。酒过三巡，佛印诗兴大发，乃吟“酒色财器”打油诗：“酒色财器四道墙，人人都往墙里藏，若能跳出墙垛外，不活百岁寿也长。”这首诗经过广泛传颂，变得更加通俗和口语化：“酒色财器四道墙，人人都在里面藏，只要你能跳过去，不是神仙也寿长。”

酒色财器本为一成语，旧时为人生四戒。此诗以通俗口语规劝世人，具有警世的功效。现代社会，黄、赌、毒和网络游戏等对人的诱惑力更大。青少年对此务必要有清醒的认识，防止滑向享乐主义的深渊。

三、培养良好的习惯

培根说：“习惯是人生的主宰，人们应该努力地追求好习惯。”好习惯是人生能够不断增值的资本，拥有了就可以享用它不尽的利息，让人受益终生。

（一）勤学、善思、爱锻炼

爱因斯坦说：“在天才和勤奋之间，我毫不迟疑地选择勤奋。”勤奋是成功必备，就掌握在自己手中，它远比天才重要。爱迪生成为发明大王，最大的秘诀就是勤奋。有人经过计算，发现他 50 年里在实验室和工厂度过的时间，相当于普通人 125 年的工作时间。有道是“天道酬勤”。世上没有免费的午餐，守株待兔成功的人千年一遇；不吝惜汗水的人，才会有丰厚的收成。青少年要取得好成绩，必须勤奋努力，快乐学习，同时讲究方法，注重用思考提高学习效率和学习效果，培养创新能力。

现代原子物理学的奠基者卢瑟福对思考极为推崇。一天深夜，他发现一名学生还在埋头实验，便好奇地问："上午你在干什么？"学生回答："在做实验。"卢瑟福不禁皱起了眉头，继续问："那晚上呢？""也在做实验。"

勤奋的学生本以为能够得到导师的一番夸奖，没想到卢瑟福大为光火，厉声斥责："你一天到晚都在做实验，什么时间用于思考？"

勤奋的学生遭到斥责，看似委屈，实际上大师是在传播真经啊！环顾我们的中学生，一天到晚都在疲于做作业和应对考试，哪有时间去思考呢？思考是智慧之母啊！缺少思考的学习，如何培养创造力？

健康的身心是人生快乐之本，同时是快乐学习的基础。青少年在勤学善思时，一定还要养成爱锻炼的习惯，拥有一个健康的身心。

马克思在读大学的时候曾接到父亲这样的一封信：

"……祝你健康，在用丰富而有益的食物来滋养你的智慧的时候，别忘记，在这个世界上，身体是智慧的永恒伴侣，整个机器的状况好坏都取决于它。一个体弱多病的学者是世界上最不幸的人。因此，望你用功不要超出你的健康所能容许的限度。此外，每天还要运动运动，生活要有节制。我希望，每次拥抱你的时候，都会看到你是一个身心越来越健康的人。"

青少年一定要珍惜健康，为锻炼投入必要时间，才能高扬青春的风帆，驶向生活广阔的海洋，飞翔心中的梦想。

（二）记录幸福和快乐

幸福和快乐是精神的食粮，是美好心灵的守护神，是我们终生享用的宝贵精神财富。青少年要从小学会保存快乐和幸福，这样就有了应对苦难的力量，在失望中看到希望，在希望中盛开梦想的花朵，最后结出人生成功的果实。

有一个考察队在北极考察。队长贝德给队员布置了一个新任务，就是在记录考察日志外，每个人还要写日记。日记以描写阳光下的景物为主。队员们对此颇有怨言，却又不好违抗。

由于日期延误，考察队无法及时返回，他们不得不在黑暗、寒冷和孤寂的极夜中停留很长一段时间。人们发现，黑暗和寒冷还可以忍受，只是那份孤寂压得每个人都要发疯了。这时，队长贝德宣布："现在我要检查你们的日记，请大家依次朗读！"人们安静下来，只有朗读者在声情并茂地讲述阳光下的故事。人们仿佛看到了闪着银光的雪原，看到了成群的企鹅奔跑的身姿，看到了北极熊从水中爬上冰块，看到了阳光下美好的一切。就这样，每朗读一篇日记，人们都会想起许多美好的事物，烦躁和焦虑一扫而光，寂寥心完全被美丽的憧憬和回忆占领了。

终于，漫长的极夜在朗读中过去，久违的太阳又缓缓地升起来了。人们欢呼歌唱，忽然明白了贝德队长让大家记日记的良苦用心。

其实，只要在心中留下阳光的指纹，就不怕身边的黑暗与寒冷。因此拥有一颗随时贮存幸福和快乐的心房，就是智慧的才能。

（三）自我教育求贤达

追求人生贤达的信念，是青少年自我教育巨大的精神力量。

1. 追求真理，永葆爱心

珍视客观事物的规律，但我们需要在真理的引导下，用善心孜孜不倦地追求才能找到人生最美的幸福。追求真理，必须坚守博爱大道，即使是失去一切，也不能失去爱心。

路边有一对衣衫褴褛的父子站在骄阳下，父亲架着拐杖吹笛子，儿子吊着绷带吹竽，脚下放着一块方桌大的有点发黑的白布。白布上写着：因家乡发生水灾，家中上有老母多年卧病在床，下有子女因交不起学费辍学在家，今路过贵地，请各位好心人多多帮助。行人纷纷驻足观望，有的扔了 1 元硬币；有人悄悄说肯定是一对骗子，世风日下，这样的人见多了。

在另一个地方，一个失去双腿的老人坐在简单的木轮椅上说快板，诉说自己艰辛的人生，旁边围了一群人。同样，有人用行动表示爱心，有人漠然视之。一个少年扶着一个拄拐杖的人挤了进来，正是刚刚卖唱的父子俩。那位父亲从自己的贴身口袋中摸出一张 10 元纸币，毕恭毕敬地放在老人脚下的铁罐里，然后悄无声息地走了。

我们生活的世界并非一片光明，假、恶、丑在心灵荒原的角落悄悄滋长。但只要更多真、善、美的花朵在爱的清泉浇灌下，阳光盛开，茂盛地生长，终将美丽那些心灵的荒原。

2．师学圣贤，修炼高尚人格

见贤思齐，人生才能贤明。孔子说："三人行，必有我师焉。择其善者而从之，其不善者而改之。"孔子既为我们指明了努力的方向，又是我们学习的榜样。以圣人为师，自然成为贤达人士。

有这样一个真实的故事：

在火车将要启动的时候，一个人急匆匆地踏上车门，可是他的一只脚被门夹了一下，鞋子掉了下去。火车开动了，这个人毫不犹豫地脱下另一只鞋子朝第一只鞋子掉落的方向扔了下去。

有人奇怪地问他为什么要这样做。他说："如果一个穷人正好从铁路旁经过，他就可以捡到一双鞋。这或许对他有用。"

这个人叫甘地，在印度，他被尊称为"圣雄"。

人间既是天堂，也是地狱。当我们心里充满爱的时候，就身处天堂；当我们心怀怨恨的时候，就住在了地狱！社会是个大染缸，青少年身处其中既可能被染黑，也能被染成五彩缤纷的美丽衣裳，关键在自己。社会十分复杂，既有无数的美好，又有很多的丑恶。青少年如果师学圣贤，择善而从，人生就能贤达；如果羡慕小人，唯利而谋，最终必然失去自由。

3．知错即改，日三省己心

高尔基说：反省是一面莹澈的镜子，它可以照见心灵上的污渍。经常进行自我反省，高扬起激励自己的鞭子，经常鞭策自警，持续去除私心私欲，才能不断进步。古圣先贤告诉我们，发现错误勇于承认，是一种难能可贵的优秀品质。曾子说“吾日三省吾身”。这是我们应当学习的榜样。人都是在错误中成长起来的。青少年不要怕犯错误，怕的是知错不改。青少年要经常反省自己，及时扔掉错误，就能健康成长。

据说爱因斯坦被带到普林斯顿高级研究所他的办公室那天，管理人员问他需要什么用具。

爱因斯坦回答说：“我看，一张桌子或台子，一把椅子和一些纸张，再加上一支钢笔就行了。啊，对了，还要一个大废纸篓。”

“为什么要大的?”

“好让我把所有的错误都扔进去。”

知错能改，善莫大焉。人无完人，即使是圣贤也会犯错，但只有愚人才执迷不悟。青少年要向爱因斯坦学习，发现错误立马扔掉，逐渐养成良好的习惯，充分运用习惯的力量，帮助自己获得人生的成功。

第二节　炼就“快乐心”

“快乐心”和仁爱相伴，与成功同行走向和谐的驿站。“快乐心”是快乐的源泉，但是生活烦恼的灰尘常常把它掩藏。因此，我们要经常还原它美丽的容颜，让它给我们幸福的人生。

一、感恩博爱者“多福”

感恩来自对生活的爱和回报。对生活时时怀有一份感恩心，能使自己永远保持健康的心态、完美的人格和进取的力量。当一个人对自己的生命和他人的关怀充满感恩的意识和行动时，焕发出的魅力会让人感动。

有一道聘用员工的测试题问：“在一个暴风雨的晚上，你开车经过一个车站，遇见三个人正在焦急地等公共汽车：一个是临死的老人；一个是曾救过你命的医生；还有一个是你的梦中情人。但你的

车只能再多坐一个人，你会如何选择？”

此情此景，实难抉择。在两百个应征者中，只有一个人被录用了。他没有解释他的理由，只是说了以下的话：“给医生车钥匙，让他带着老人去医院，而我则留下来陪梦中情人一起等公交车！”

这个人宅心仁厚，他用一颗感恩博爱之心做出了完美的决定，可谓三全其美。俗话说：鸦有反哺之义，羊知跪乳之恩。感恩，是结草衔环，是滴水之恩涌泉相报；感恩，是值得我们用一生去回报好人的宝贵机遇；感恩，是值得我们用一生去完成爱心奉献的壮举。

泰戈尔说：“蜜蜂从花中啜蜜，离开时营营的道谢。浮夸的蝴蝶却相信花是应该向他道谢的。”感恩的人有颗善良的心、博爱的心，当我们像蜜蜂一样，辛勤采得百花成蜜后，就会给自己带来快乐。请用一颗充满爱的心去感受生活，尽力行善积德，广布仁爱，哪怕是曾经伤害过自己的人，也应做到己所不欲勿施于人。真正的爱，可以超越时空，跨越爱恨情仇的边界，升起普照世界的爱心太阳，让人们的生活更加幸福安康。

战国时期，魏国与楚国相邻。两国一向有敌意，在边境上各设界亭。两边的亭卒在各自的地界里都种了西瓜。魏国的亭卒勤劳，锄草浇水，瓜秧长势很好；楚国的亭卒很懒，瓜秧又瘦又弱。

人比人，气死人。看着对面魏国的瓜地，楚亭的人觉得失了面子。于是在一天晚上，他们偷跑过去把魏亭的瓜秧全都扯断了。魏亭的人第二天发现后，非常气愤，向县令宋就报告说：“我们要以牙还牙，我们也要过去把他们的瓜秧扯断！”

宋就说：“楚亭人的这种行为当然不对。这种以损坏别人的利益来达到自己目的的做法，我们是不愿意也不会去做的，我们为什么要效仿他们的坏毛病？这对双方有什么利呢？你们照我的吩咐去做：从今天开始，每天晚上去给他们的瓜秧浇水，让他们的瓜秧也长得好。而且，这事一定不要让他们知道。”

魏亭的人听后觉得有理，就照办了。

楚亭的人发现自己的瓜秧长势一天比一天好起来，仔细观察后就发现了原因，把情况报告了县令。

楚国的县令听到亭卒的报告，感到十分惭愧又十分敬佩，于是上报楚王。楚王深感魏国人修睦边邻的诚心，特备重礼送魏王以示歉意，结果这一对敌国成了友好邻邦。

我们要用爱去拥抱人生，不可以用恨去仇视世界。如果像爱自己那样去对待别人，就能与人友好相处，得到快乐。感恩和博爱互为因果，良性循环。只要这个世界人人都献出一点爱，必然是美好的人间。

一个生活贫困的男孩为了积攒学费，挨家挨户地推销商品。

傍晚时，他感到疲惫万分，饥饿难挨，而他推销得很不顺利，以至有些绝望。这时，他敲开一扇门，希望主人能给他一杯水。美丽的女主人给了他一杯浓浓的热牛奶，令男孩感激万分。

许多年后，男孩成了一位著名的外科大夫。一位患病的妇女，因为病情严重，当地的大夫无能救治，被转到了那位著名的外科大夫所在的医院。外科大夫为妇女做完手术后，惊喜地发现那位妇女正是多年前，在他饥寒交迫时，给过他帮助的年轻女子。当年正是那杯热奶使他又鼓足了信心。

当那位妇女正在为昂贵的手术费发愁时，却在她的手术费用单上看到一行字：手术费=一杯牛奶。

如果人间没有了爱，世界就是一个巨大的地狱，人生何来幸福？让我们怀着感恩的心面对生活，用爱心拥抱这个世界，相信我们的人生会因此更加快乐！

二、心清欲正者“多乐”

《吕氏春秋》说：欲不正，以其治身则夭，以其治国则亡。人生有限而欲望无穷，因此要理性对待欲望。快乐的人生并非简单的清心寡欲和知足常乐，而是要学习不知足、工作知不足、生活常知足。学习不知足，坚持大学习，智慧作伴侣；工作知不足，践行快乐奋斗，事业易进步；生活常知足，崇尚简朴自然，快乐最洒脱。

以前，人们常常为吃顿饱饭快乐；现在，却往往为山珍海味不合口味心烦，这是耐人寻味的现象。人啊，在没有的时候希望拥有一点就够了，可是当真有了一点的时候往往渴望得到更多。就这样，快乐让不断膨胀的欲望挤走了。

有个小朋友在路边哭，一个大人看见了，问他哭什么。

小孩说："我丢了一块钱。"

大人好心地说："小朋友，别哭。我给你补起。"

可是，当大人办完事回来时，发现小朋友哭得更厉害，又问："小朋友，我已经给你钱了。你还在哭啥？"

小朋友说："如果我不丢那一块钱，我现在就有两元钱了呀。"

生活中，这样的小朋友并不多；但如此想钱的大人却不少。在这个世界上，人人都想地位比别人高，钱比别人多，名气比别人大，活得比别人潇洒，这并非坏事。为了成功，人们勤奋学习，努力工作，善于思考，认真总结经验教训，为成功积累资本，这是我们这个社会不断进步的动力。但凡事要有度，正如泰戈尔所说："鸟翼上系上了黄金，鸟就飞不起来了。"获得快乐的秘诀是珍惜拥有的，不是去奢望没有的。在人生的道路上，放下欲望的包袱，轻装前进的人才能得到更多的快乐。

一支淘金队伍在沙漠中行走，大家都步履沉重，痛苦不堪，只有一个人一边走，一边吹着口哨。

伙伴问："你为何如此的惬意？有什么好事吗？"

他拍拍空空的行囊，笑着说："因为我带的东西最少。"

快乐如此简单，只需在自己的人生路上少带点欲望上路就行了。太多的欲望常常让我们遇事失去做人的原则，结果是一错再错，变成真正痛苦的人。事实上，人生路上永不满足的官欲，强烈的权欲，贪婪的财欲，淫邪的色欲，都是十分危险的东西，如果任其泛滥，必将招致大祸，最终鸡飞蛋打、一无所获。

有个人喂养了一只会下金蛋的漂亮母鸡。他满以为肚里有金块，便把它杀了，却发现这只鸡和别的鸡没什么两样。他原指望发一笔横财，结果反而连那笔小利也失去了。

人在追求中应少一份名利，多一份淡泊，做到知足常乐。淡泊是一种崇高的境界和心态，是对人生追求在深层次上的定位。有了淡泊的心态，就不会在世俗中随波逐流、追逐名利；就不会对身外之物大喜大悲；就不会对世事、他人牢骚满腹、攀比嫉妒。淡泊是心理养生的免疫剂，使人始终处于平和的状态。保持一颗平常心，一切有损身心健康的因素，都将被它击退。

田鼠和家鼠交上了朋友，邀请家鼠去乡下家中吃饭。家鼠看见摆出来的食物仅仅是大麦和玉米，就对田鼠说："你知道吗？朋友，你生活得简直像蚂蚁一样清苦。我就大不一样了，好吃的东西应有尽有，还是到我的家里去作客吧。我愿意和你一起分享。"

于是它俩一起出发去家鼠的住处。家鼠摆出豆子、面粉，还有枣子、奶酪、蜂蜜和水果来款待田鼠。田鼠见了惊羡不已，由衷地赞叹家鼠有福，一边抱怨自己命苦。它俩正准备开宴，有人突然把门打开了。两只老鼠听见响动大吃一惊，连忙蹿进洞里去了。过了一会，他们爬出来打算品尝无花果脯，不料又有人进来寻找东西，他们只得再次慌忙蹿入洞内藏身。

这么来回一折腾，田鼠顿时忘却了饥饿，长叹一声，对家鼠说："再见了，朋友，你虽能尽情享用美味佳肴，但却总是提心吊胆地过日子，唯恐遇到什么不测。至于我呢，一个微不足道的可怜虫，宁可继续啃我的大麦和玉米，这样既不须担惊受怕，也不会引起别人的怀疑。"

老子说："金玉满堂，莫之能守；富贵而骄，自遗其咎。"知足常乐，说起来容易，做起来难。但是，与其骄奢淫逸朝不保夕，不如清心寡欲平安快乐。其实，享受物欲的快乐往往与堕落为伍。相反，追求精神的自由洒脱，只需很少的金钱就能快乐一生。

三、自信乐观者“多寿”

海伦·凯勒说：“坚定的信心，能使平凡的人们做出惊人的事业。对于凌驾命运之上的人来说，信心就是生命的主宰。”自信，是成功的基础。有信心的人，可以化渺小为伟大，化平庸为神奇，快乐地走向成功的彼岸。

有位举人第三次进京赶考，住在一家常住的店里。考前他做了三个梦：第一个是梦到自己在墙上种白菜；第二个是梦见自己在下雨天戴了斗笠还带伞；第三个是梦见跟情人脱光衣服背靠背躺在床上。这三个梦似乎有些深意。

举人第二天去找算命先生解梦。算命的一听，连拍大腿说：“你还是回家吧。你想想，高墙上种白菜岂不是白种？戴斗笠打雨伞难道不是多此一举？跟情人背靠背躺在一张床上，不是没戏吗？”

举人听后，心灰意冷，回店收拾包袱准备回家。店老板奇怪地问：“不是明天才考试吗，你怎么今天就要回了？”秀才如此这般说了一番。

店老板乐了：“哟，我也会解梦的。我倒觉得，这些梦是吉兆。你想啊：墙上种菜不是高中吗？戴斗笠打伞不是说有备无患吗？你跟情人背靠背躺在床上，不是说你要翻身了吗？”

举人一听，觉得更有道理，于是精神振奋地参加考试，竟名列前茅。

这个举人真是梦想成真。但究竟是梦、还是信心帮了他，不说自明。每个成功的人，都有坚强的自信心。人生成功的诸多要素中，信心十分重要。没有自信的人就失去了强大的精神力量，注定要失败，得不到成功的喜悦。要学会真正地相信自己，相信自己能够做事，相信一时的失败只是成功的小插曲。只要我们不狂妄自大，认真培植深厚而健全的自信心，我们就真的会渐渐变得了不起。

有一群智力较差的小学生，老师总想寻找一种方法，来诱导他们发掘内在的潜能。

后来，老师发现有一种非常有效的方法，于是写下一段话交给这些孩子，并要求他们每天晚上反复念 20 遍："我是一个快乐的孩子，我是一个热爱学习、充满自信、积极上进的孩子，我是一个什么难题都能做的聪明孩子，我是一个非常了不起的孩子！"

说也奇怪，这群孩子的性格和气质一个一个地改变了，人也变得聪明了，无论是数学还是语文中的难题，也都会做了。

这则故事告诉我们：人只要快乐，有信心，积极上进，就真的了不起。自信是一种自我激励的精神力量，它能够激发一个人的潜意识，释放智慧，展示才能，帮助我们排除千险万难。自信是成功必备，觉得自己能否成功，其实只在是否有信心。充满自信的人，大都乐观开朗，对所追求的目标矢志不移，义无反顾。

罗兰说："开朗的性格不但可以使自己经常保持心情的愉快，而且可以感染你周围的人们，使他们也觉得人生充满了和谐与光明。"乐观是一种积极向上的性格和心境。它可以激发人的活力和潜力，解决矛盾，逾越困难。而悲观则是一种消极颓废的性格和心境，它使人悲伤、烦恼、痛苦，在困难面前一筹莫展，影响身心健康。乐观者常在危难中看到机会，而悲观者常在机会中看到失败。

一位父亲欲对两个儿子作"性格改造"，因为一个过分乐观，另一个则过分悲观。圣诞节那天，他买了许多漂亮的礼物给悲观的孩子，只给乐观的孩子一个装有马粪的纸盒。

礼物送后不久，父亲看到悲观的孩子已泣不成声，便问："为什么不玩那些玩具呢？"

"玩了就会坏的。"孩子仍在哭泣。

父亲叹了口气，去看另一个孩子，发现孩子正兴高采烈地在院子里找寻东西。

"告诉你，爸爸。"乐观的孩子高兴地说，"院子里一定还藏着一匹小马。"

拜伦说："悲观的人虽生犹死，乐观的人永生不老。"乐观是美德和精神最好的滋补剂，是心理养生的不老丹。乐观的人生态度，给我们带来新的生命和更充实的生活。它就像心灵的一片沃土，为人类培植快乐的种子，让人健康快乐地成长。

四、诚信正直者“多喜”

诚信是人最美丽的外套，是心灵最圣洁的鲜花。做老实人，说老实话，办老实事，言行一致，表里如一，天长日久自然而然赢得大家的信任和帮助。

一个公司招聘员工，面试时总经理出了这样一道算术题：十减一等于几？

有的应试者说：“你想让它等于几，它就等于几。”还有的说：“十减一等于九，就是消费；十减一等于十二，那是经营；十减一等于十五，那是贸易。”

只有一个应试者回答：“等于九。”结果这个人被录用了。

如果是你，你会怎么回答？是不是感觉轻易说出这个答案，会显得自己很愚蠢，智商低？在现实生活中，的确有人把“诚实”视为“愚蠢”。一个简单的问题，常常被千奇百怪的答案搞得十分离奇。殊不知，诚实是做人之本，信用是立业之基。诚信为人，领导觉得你可靠，就会看重你；同事觉得你可信，就会喜欢你；朋友觉得你可交，就会把你当知己。

一个顾客走进一家汽车维修店，自称是某运输公司的汽车司机，他对店主说：“在我的账单上多写点零件，我回公司报销后，有你一份好处。”店主拒绝了。

顾客纠缠说：“我的生意不算小，会常来的。你将赚很多钱！”

店主告诉他，这事无论如何也不能做。顾客气急败坏的嚷道：“谁都会这么干的，我看你是太傻了。”

店主火了，要这个顾客马上离开，到别处谈这种生意。这时顾客露出微笑并满怀敬佩的握住店主的手：“我就是那家运输公司的老板。我一直在寻找一个固定的、信得过的维修店。你还让我到哪里去谈这笔生意呢？”

面对诱惑，不怦然心动，不为其所惑，虽平淡如行云，质朴如流水，却让人领略到一种山高海深。诚信是道路，随着开拓者的脚步延伸；诚信是智慧，随着博学者的求索积累；诚信是成功，随着奋进者的拼搏临近；诚信是财富，在心中播种就会收获。讲诚信，不仅是为了让别人安心，更重要的是使自己踏实。

《郁离子》中记载了一个人因失信而丧生的故事：

济阳有个商人过河时船沉了，他大声呼救。有个渔夫闻声而至。

商人急忙喊：“我是济阳最大的富翁，你若能救我，给你一百两金子。”

待被救上岸后，商人却翻脸不认账了，只给渔夫十两金子。渔夫怪他不守信，富翁却说：“你一个打鱼的，一生都挣不了几个钱，突然得十两金子还不满足吗？”渔夫只得怏怏而去。

不料，后来那富翁又一次在原地翻船了。有人欲救，那个被他骗过的渔夫说：“他就是那个说话不算数的人！”于是商人淹死了。

没有信用的人落难时，谁愿意救他呢？商人两次翻船而遇同一渔夫是偶然的，但他不得好报却在意料之中。孔子说：“自古皆有死，民无信不立。”用谎言处世能获得暂时利益，但从长远看必将失败，就像这个故事中的富商一样。诚信，是一股清泉，它将洗去欺诈的肮脏，让世界的每一个角落都流淌着洁净。

卢梭说：“我大胆地走着正直的道路，绝不有损于正义与真理而谄媚和敷衍任何人。”一个人仅有敏锐的头脑是不够的，更重要的是要有正直的品性。小到一个单位，大到一个国家，都需要正派直道的人。也只有具备正直品性的人，才能说话做事问心无愧，真正得到内心的快乐。

有一位刚从学校毕业的护士在一家医院实习一个月。在这一个月内，如果能让院方满意，她就可以正式获得这份工作；否则，就得离开。

一天，交通部门送来一位因车祸而生命垂危的伤员，实习护士被安排做外科手术专家——该院院长亨利教授的助手。复杂的手术从清晨进行到黄昏，就在即将缝合患者的伤口时，这位实习护士突然盯着院长说："亨利教授，我们用的是十二块纱布，可是你只取出了十一块。"

"我已经全部取出来了，一切顺利，立即缝合。"院长头也不抬地回答。"不，不行！"这位实习护士高声抗议道："我记得清清楚楚，手术中我们用了十二块纱布。"院长没有理睬她，命令道："听我的，准备缝合。"

这位实习护士毫不示弱，她几乎大声叫起来："你是医生，你不能这样做。"此时，院长冷漠的脸上露出了欣慰的笑容。他举起左手心握着的第十二块纱布，向所有人宣布："她是我最合格的助手。"这位实习护士理所当然地获得了这份工作。

韩婴说："正直者顺道而行，顺理而言，公平无私，不为安肆志，不为危易行。"为人正直，光明磊落，真诚坦率，敢于坚持原则，敢于扶正祛邪，坦坦荡荡、堂堂正正做人，终将赢得大家的尊敬和爱戴。

五、方圆有度"少烦恼"

人们常叹做人难，做一个好人难上难。确实在工作和生活中，经常看到爱憎分明、直言相谏的人碰得头破血流，一些圆滑世故、八面玲珑的人常得彩头，背后又被人们不齿。两者似乎都不妥，真是不好做人。其实，刚柔方圆，并没有绝对好坏定论，有的人表现方的一面强烈，有的人表现圆的一面多些，人生就在方圆之间徘徊抉择。总的来说，凡是原则问题必须坚持，不能和稀泥；但是面对一时过不去的坎，圆润一些明哲保身也确有必要。

蝙蝠跌在地上，被黄鼠狼逮住了。蝙蝠知道自己行将被杀，便苦苦哀求饶命。黄鼠狼说，自己身为一切鸟类的天敌，绝不能放过它。蝙蝠回答说，它不是鸟，而是鼠。黄鼠狼于是放了它。

后来，蝙蝠又跌在地上，被另一只黄鼠狼逮着了，蝙蝠再次恳求不要吃他。黄鼠狼声称她对一切鼠类恨之入骨。此时蝙蝠一口咬定，它不是鼠，而是身为蝙蝠的一种鸟。于是它又得救了。

当遇到危险时，勇敢应对，值得提倡。但随机应变，与歹徒机智周旋，转危为安则是智慧。报刊杂志常有相关报道：某人面对穷凶极恶的歹徒抢劫或绑票时，沉着应对，先以机警诚恳的语言赢得罪犯的信任，然后伺机在罪犯不注意或误以为真的合作的情况下，出其不意地逃脱报案或击败罪犯，就是很好的例子。要明白一个道理：人生在世，也许一时弯腰，就能赢得一世尊贵。

一次，一位气宇轩昂的年轻人，昂首挺胸，迈着大步去拜访一位德高望重的老前辈。不料，一进门，他的头就狠狠地撞在门框上，疼得他一边不住地用手揉搓，一边看着比他的身子矮一大截的门。

恰在这时，那位前辈来迎接他，见之笑笑说："很疼吧？可是，这将是你今天来访问我的最大收获。"

年轻人不解，疑惑地望着他。"一个人要想平安无事地生活在世上，就必须时刻记住：该弯腰的时候就弯腰，该低头的时候就低头。这也是我要教你的。"老人平静地阐发着他的睿智。

这位年轻人，就是被称为美国之父的富兰克林。他把这次拜访得到的教导看成是一生最大的收获，并作为生活准则去遵守，因此受益终生。学会弯腰才能顺利通过生活中意想不到的低矮"门框"，免受无谓的伤害，所以放下架子并不表示我们是弱者。方是为人之本，是挺起胸膛的脊梁；圆是成功之道，是处世的利器。为人不方，难成大器；做事不圆，处处受敌，寸步难行。方圆有度，才能在生活中以柔克刚。

有一位中国古代的哲学家，在临终之际把他的学生叫来，说："你看我的牙齿呢？"

"没有了，都掉光了。"

"我的舌头呢？"

那学生忽然明白：柔韧的东西永远比坚硬的东西更强，更适合生存。

如果我们在工作和生活中把握好方与圆的尺度，该圆时圆润一些，就会与人和睦相处，就会对他人多一点尊重、宽容和理解，就会使人们之间多一些谅解，少一些计较和猜疑。这样，我们的生活就会多一些快乐。

有个人因为狐狸让他蒙受了损失，一直耿耿于怀。

他设法捉住了狐狸，为图彻底报复，用浸过油的绳子拴在狐狸尾巴上，点燃火后把它放跑了。

鬼使神差，狐狸一下子窜入那人的庄稼地里。时值收获季节，农作物全让狐狸尾巴上的火给点着了。

那人没能追上狐狸，只得为损失的庄稼哀叹不已。

有位智者说，大街上有人骂他，他连头都不回，根本不想知道骂他的人是谁，因为人生是如此短暂和宝贵，要做的事太多了，何必为这种不愉快的事情浪费时间呢？人当宽大为怀，不必恩怨必报。在弥勒佛庙前有副对联："开口便笑，笑古笑今，凡事付之一笑；大肚能容，容天容地，于己何所不容。"宽容是处事圆融的智慧境界，显示出博大的胸怀，崇高的美德，让人的一生少掉许多烦恼。

第三节　青少年的快乐生活

青少年的快乐生活，是家庭、学校、社会和谐共鸣的一首交响乐。

一、幸福的家庭生活

家庭是孩子的第一所学校，父母是这所学校的老师和英雄。和谐家庭像一把六弦琴，能弹奏出快乐生活美妙动听的旋律。

（一）好爸爸是榜样

列夫·托尔斯泰说："教育孩子的实质在于教育自己，而自我教育则是家长影响孩子的最有力方法。"榜样的力量无穷。父亲是青少年学习和工作的榜样，因此父亲在子女面前必须注意自己的一言一行，充分显示自己的德行，给孩子做好榜样。

有位宰相的妻子非常重视儿子的前途，她每天不厌其烦地劝告儿子要努力读书、有礼貌、讲信用、要忠于国君等。而宰相只是早上离开家去上朝，晚上回来就看书。爱儿心切的夫人终于忍不住说："你别只顾你的公事和看书，你也该好好地管教管教你的儿子啊！"宰相眼不离书地说："我时时刻刻都在教育儿子啊！"

俗话说：养不教，父之过。教育子女是父亲天经地义的责任。在青少年时期，父亲对孩子的影响越来越大。父亲角色的社会性，在道德规范、人生信念、价值取向和生活态度等外在世界对青少年的影响更大。青少年常常以父亲为榜样。希望孩子勤奋学习，大人必须率先垂范。身为人父，在闲暇时间，泡上一杯清茶，捧起一本书，慢慢品读，这不仅是一种美妙的生活，也有助于子女养成乐学的习惯。

（二）好妈妈是良师

母亲是儿童天然最好的教师，对青少年养成良好生活习惯起决定作用。在生活中，妈妈对孩子充满无私的爱，照顾得无微不至。做一个好妈妈，除了关心孩子的生活外，更重要的是关注他们的成长，加强对青少年的教育，教会孩子博爱、快乐生活、热爱劳动，学会自力更生，强调自强、自立、自尊、自重，帮助青少年建立健全的人格，树立坚强的信心。

发明大王爱迪生上学三个月就被学校开除。老师的理由是"这个孩子太笨了。"但是爱迪生的母亲坚信自己的儿子并不笨，她对爱迪生说："你肯定比别人聪明，我对此坚信不疑，所以你要坚持自己读书。"她亲自辅导孩子学习。在母亲的鼓励和辅导下，爱迪生在科学事业上取得了巨大成绩。

教育的艺术不仅在于传授知识和本领，更在于唤醒、激励和鼓舞青少年的志趣，让他们为理想自觉行动，去争取人生成功。每个青少年都是梦想家，但优秀的妈妈更善于培养出优秀的孩子。经常和孩子在一起的母亲的一言一行，一举一动，都在潜移默化地影响孩子。无数事例证明，孩子最初的行为习惯都是从妈妈身上学来的。“懂点电脑，化一点淡妆，少一点说教，多给点空间，有气质，爱学习，像个朋友。”这是新时期青少年眼中的新慈母形象。好妈妈要和孩子一起学习，一起成长，共同进步。

（三）幸福的和谐家庭

家是爱心滋长的地方，是人生幸福的港湾，是青少年快乐成长的乐园。幸福的家庭，夫妻互敬互爱，孩子活泼可爱，老人健康长寿，一家人和睦相处，其乐融融。

成功、财富和爱三位老人相伴散步，父亲一见，想邀请成功老人做客畅谈，可是母亲反对，想向财富老人讨教。

女儿和父母一阵耳语，最后一家三口一致同意邀请爱老者进屋做客。爱老人笑呵呵进门，紧接着成功和财富老人也接踵而至。

这个小寓言告诉我们，家中有爱，就有成功财富和幸福的和谐生活。有意思的是家的英文“Family”由“爸爸和妈妈我爱你”（Father And Mather I Love You）的首个字母构成。可见爱是古今中外幸福家庭共同的需要。爱是和谐家庭的核心，是幸福生活的真谛。

然而，青少年青春期特有的逆反心理，加上社会的飞速发展，代沟问题不可避免地出现了，很多的家庭不和谐，孩子也生活得不快乐。这个问题必须用爱来解决。爱是联结父母子女的纽带，大家要相互体谅，尊老爱幼，夫妻和睦，勤俭持家，过幸福的生活。太阳光照大地；大地孕育万物；万物滋养人类；父母养育子女，皆是无私的爱。青少年要用心去体验父母无私奉献的爱，用好成绩和孝心回报父母的爱。

现代社会科学技术飞速发展，要跟上时代发展步伐，和谐幸福的家庭应当是一个学习型家庭。一家人共同阅读，共同学习，共同进步，这是一种快乐的生活。一个不阅读的人是蒙昧的，一个不阅读的家庭是无趣的，一个不阅读的民族是浅薄的。2004 年，中国出版协会作了一项调查，结果发现：我国有 45%的家庭没有藏书，而韩国 96.8%的家庭藏书达 500 本以上，而犹太民族更是爱书如命，虽然犹太民族在世界大家庭中堪称少数民族，但却是荣获诺贝尔奖的文学家和科学家最多的民族，近代三伟人——马克思、爱因斯坦和弗洛伊德都是犹太人。我们要共同努力建设学习型的和谐家庭，让书香溢满青少年的生活空间。

二、和谐的学校生活

和谐校园是学生和老师一起飞翔梦想的地方。青少年在和谐校园中快乐学习和生活，遨游在知识海洋，成长为人类的英才。

（一）建设和谐校园

和谐校园是青少年和谐发展的乐园。和谐校园优美的自然环境、和谐的人际关系、丰富的校园文化、浓厚的学习氛围，有益青少年健康成长。但是，在应试教育的压力下，现在的学校难以和谐。名校、名师、优生集中在一块，享受“马太效应”福利；而成绩平常的学生则集中在普通学校或普通班上，不受重视，遭受不公平待遇。这种应试教育造成的不和谐局面，不但是对大多数老师和学生的伤害，而且是对整个国家有限教育资源的浪费。同时，对于那些享受优质教育资源学生的长远发展来说，也并非是好事。应试教育集中优势教育资源教学的最终结果是培养了很多高分低能的大学生，却扼杀了许多有特长的天才少年。著名的衡水应试教育模式，半军事化的管理、超负荷的作业量、“三点一线”式的生活路线，让该学校成为了著名的“大学生加工厂”，但不知扼杀了多少学生的创造力，绝不值得提倡。学生不是学习的机器，考试成绩不应成为衡量学生的唯一标准。建设和谐校园任重道远，需要国家、社会、学校、家长和学生共同努力。现在大力倡导的素质教育，就是为了回归教育的本质，把每个学生培养成为具备鲜明个性、有创造力并能融于社会的学子。为了让青少年健康成长为国家的栋梁，我们要用智慧和勇气破解应试教育的迷惘，开动素质教育的大船，乘风破浪，奏响和谐校园建设的乐章。

（二）让学生全面成长

有人说，精神压力最大的中国人是学生：老师的谆谆教导，家长的苦口婆心，使得学生不敢有丝毫放松；名目繁多的考试，接连不断的模拟，使得学生苦不堪言；还有补课、交费、好差班、文理科、做不完的作业，或高或低的名次……

真正的教育应该促进青少年德智体美劳全面和谐发展。素质教育要求学生学会求知、做人、生活和创造。但是，目前广泛流行的应试教育，从学校到家长乃至整个社会都把分数作为衡量青少年学子优秀的主要标准。这样，凡是和升学靠边的学科就成为学习的重点，德育、体育、劳动、美育往往被忽视，甚至被无条件侵占。残酷的应试教育不仅剥夺了青少年宝贵的兴趣、爱好，损害了青少年学子的身心健康，扼杀了他们的创造性和学习的兴趣，仅仅培养了缺少生机和活力的畸形人才，这不仅是教育的失败，也是整个国家和民族的悲哀。学校培养不出大师，创新型国家如何建立？教育必须要让青少年健康成长。相对于分数，知识结构、道德感、创造性、社会责任感、生活能力、领导才能，对学生成才更重要。

青少年时代是人生最美好的学习时光，不要去争分数，而应该认真去寻找学习的乐趣。学校要把学生从应试教育中拯救出来，老师要更多从教育内在的规律中寻找生命成长与发展的轨迹，让每一个孩子都快乐学习。学校教师要着力做好以下工作：一是注重激励，让年轻的生命渴望激情飞跃。即使是批评，也要讲究批评的艺术，化批评为激励。二是突出生活体验，让年轻的生命鲜活滋润。要在实践和生活中学习，让学生全面发展。三是放飞学生的梦想，让青少年昂扬生命的翅膀，展翅翱翔于梦想的天空。

（三）因材施教育英才

陶行知说：“培养教育人和种花木一样，首先要认识花木的特点，区别不同情况给以施肥、浇水和培养教育，这叫‘因材施教’。”老师要用“人人都能成功”的观点看待每个孩子，充分了解学生的特长，因材施教，帮助孩子成才。

三毛学数学的故事让我十分感慨，而类似的席慕容的故事则让我十分感动：

三毛读初中时，作文极好而数学极差，几次考试都不及格。有三次小考，她硬生生把数学题死背下来，因此都得了满分。数学老师认为她得满分百分之百是因为作弊。三毛是个倔强而又敏感的女孩，并不懂得适度的忍耐更能保护自己，直言不讳地对老师说：“作弊，对我来说是不可能的，就算你是老师，也不能这样侮辱我。”

被冒犯了的老师单独给三毛发了一张她没有学过的方程式试题，让她当场吃了鸭蛋，之后拿蘸了墨汁的毛笔，在她眼眶四周涂了两个大圆饼，然后让她转身给全班看。又让她去大楼的走廊上走一圈。

这件事给了三毛严重的打击。其一，使她休学在家，自闭了七八年，严重时，连与家人同坐一桌吃饭的勇气都没有；其二，养成了三毛终生悲观、敏感、孤独的性格。尽管她一生走过 48 个国家，写了 26 部作品，用她的作品帮助很多人树立起豁达、坚强的人生信念，但她自己始终走不出心灵的阴影。

假如换一个睿智而又有爱心的老师，事情完全可以用更好的处理方式。不信，我们看看与她境况相似的席慕容的经历。

席慕容读初中时，国文也出奇地好，数学同样糟糕。她戏称自己为天生的“数学盲”。

席慕容跌跌撞撞读到初三时，数学要补考才能参加毕业考试。她知道事情的严重，只好整夜不睡，死记硬背备战考试。

第二天，上数学课时，老师讲到一半，忽然停下来，在黑板上写了 4 道题让全班演算。这没头没脑的 4 道题在下午补考之前出现在黑板上，又与正在教的内容毫无关系，再笨的学生也明白老师的良苦用心。

于是，她忽然成了全班最受怜爱的人，几位同学边笑边叹气边把 4 道题的标准答案写出来教她背。她背会了 3 道，在下午的补考中得了 75 分，终于能够参加毕业考试。后来，初中最后的那堂数学课连同数学老师关切和怜爱的眼神，一并成为她生命中温馨美丽的记忆。

三毛和席慕蓉都是我们深爱的女作家。然而她们类似的情况，却有着不一样的人生。三毛很不幸，碰到一位看重成绩而忽视人格的、具有强烈的权威意识的数学老师，给没有防范能力的三毛在精神上致命一击，让她穷尽毕生精力都无法从那种伤害中复原。席慕蓉则非常幸运，她的数学老师并没有因为她在数学方面的不足而全盘否定她，在不动声色中放了她一马，让她在更适合自己的领域里振翅高飞，成就了幸福人生。

苏霍姆林斯基说："世界上没有才能的人是没有的。问题在于教育者要去发现每一位学生的禀赋、兴趣、爱好和特长，为他们的表现和发展提供充分的条件和正确引导。"每个人都有天赋的特长，教育者要用爱心去呵护青少年的特长，因材施教，帮助学生在自己擅长的领域发展，培育出各种社会英才。

三、缤纷世界大课堂

对于青少年来说，除了家庭和学校外，还有社会这个生活大课堂。青少年在社会上遇见的各行各业的人，所接触的万事万物，都是老师。青少年只要开放耳目，学会观察和思考，在社会生活中每天都会有很多收获，天长日久，这些点点滴滴的收获就汇聚成巨大的知识财富，让人生充满智慧。青少年善于在生活中学习，比受学校教育更重要。在生活中用心学习，不但能找到理想的生活，更重要的是它会把我们磨炼成为成熟、自信、经得起大风大浪考验的人。

渔夫和博士乘船过河。

博士问渔夫：“你会外语吗？”

渔夫说：“不会。”

博士又问：“你懂得历史吗？”

渔夫不好意思地回答：“也不会。”

博士说：“那你等于失去了半条生命！”

突然，一阵狂风吹翻了小船。危急中，渔夫问博士：“你会游泳吗？”

“不会。”

渔夫说：“那你将失去全部生命！”

纸上得来终觉浅，书本知识必须经过实践才能正确应用。但在生活中学习更直观、更生动，效果也更好。大学习理念倡导无时不学，无人不学，无事不学。在生活大课堂中广泛学习，不仅能充分体会到学习的快乐，还能天天进步。生活中的每件事都需要我们认真学习实践。对发生在身边的事勤于思索，多问“为什么”，有机会动手试一试，时间一长，我们的人生经验自然就丰富了。

一只小马想过河，他从松鼠口中得知水非常深，可老牛告诉他水其实很浅。小马在妈妈的鼓励下，决定亲自下河试一试。结果，他发现水不深也不浅，于是顺利地过了河。

小马问同一件事，得到两种截然不同的回答，最终还有了三种正确的结论。河水深浅是一定的，但是松鼠、老牛和小马身体高矮不一，对水深水浅看法自然不同。书中的知识就是那条我们必须要趟过的河，每个人的情况千差万别，同样的知识给出不同的解释也在情理之中，具体问题具体分析，对与错最好用实践来检验。青少年在生活中学习，不要怕犯错误。人生有用的知识大都是从实践的错误中上升为智慧的。

西方有一则寓言，说的是一个年轻人向一位年长的智者请教智慧的秘诀。

年轻人问：“智慧从哪里来？”

智者说："正确的选择。"

年轻人又问："正确的选择从哪里来？"

智者说："经验。"

年轻人进一步追问："经验从哪里来？"

智者说："错误的选择。"

成长是一个"错了再试"的过程，"失败"的经验比"成功"的经验更可贵。青少年对重大事情往往很难做出正确的选择。但在一次又一次的错误选择中，如果能吸取经验教训，就能逐渐学会正确的选择方法，时间一长，就自然成为一个有智慧的人。事实上，成功人生就是在不断的失败中逐渐积累成功经验的。

生活是一位博学的老师，它常常春风化雨、润物无声地为我们指点迷津，启迪青少年的人生。善于深入发掘美好生活的青少年，会有更细致的观察力和思考力，在面对一件事情的时候，他会全面思考，而不是脆弱地被现实或困难击倒。这个世界五光十色，摇曳多姿，同时这个世界也污浊遍地，充满诡计。青少年在社会的大染缸中，染就什么颜色，就看怎样学习和怎样选择。生活的涓涓细流既可以成就一个人，也可以消蚀一个人。青少年要努力成为生活的主人，即使面对失败和困境，也要奋勇向前，去赢得人生的精彩。

杰克·伦敦自幼家境贫寒，但他雄心勃勃为自己设计了一个做大作家、用笔杆子改造社会的远大前程。为了当作家，他在中学补课一年，然后考入加利福利亚大学，但因难以支付学费，只读了半年就辍学了。失学并没有动摇他当作家的决心，他改变主意，以社会为学习的课堂，更加孜孜不倦地学习。达尔文、马克思、尼采等人的作品使他学会思考；莎士比亚、歌德、巴尔扎克等文学家的作品使他学会写作。他开始夜以继日地写稿投稿，但却一次次地被退回。可他并不灰心，坚持创作，依靠典当过日子。终于在 1890 年，他发表了处女作《给猎人》，一举成名，由此成为一名大作家。

艰难困苦，玉汝于成！杰克·伦敦成为大作家，得益于在社会大课堂中广学博览。“活到老，学到老”已成为很多人的共识。在社会生活中，每个人都是全职学生，每天都有机会学习到不同的课程，并找到其中的乐趣。生活如花，姹紫嫣红；生活如歌，美妙动听；生活如酒，芳香清醇；生活如诗，绚丽多姿。祝愿青少年朋友都能在生活大课堂中取得真经，在缤纷世界主演自己流光溢彩的人生。

第六章 快 乐 一 生

第一节 今天，我最快乐

青少年只要使每个今天充实和快乐，就一定会有精彩和幸福的人生。

一、青春很长又很短

青春，这个美好的季节，正是青少年播种梦想的时候。珍惜它，把握它，让短暂的青春放出耀眼的光芒吧。

（一）生命只在呼吸间

人生由许多个今天组成，看起来无数，其实匆匆而去，只留下欢乐和痛苦的脚步。抚今追昔，年少时，我曾苦苦思索未来的前途，悲叹人生须臾，前路坎坷，少年的梦想很可能只是人生一场梦。直至有一天我见到释迦牟尼和弟子们的一段对话，心有所悟，开始了人生崭新的征途。

佛问一沙门，人命在几间。对口，数日间。佛言，子未知道。

复问一沙门，人命在几间。对曰，食饭间。佛言，子未知道。

复问一沙门，人命在几间。对曰，呼吸间。佛言，善哉，子知道矣。

人命不过呼吸间，一口气没来，万事空谈。这多么令人警醒！年轻时，我们眺望未来，常常感叹生命多么漫长，巴不得马上长大；而当皱纹爬上额头，我们又感叹光阴真的似箭，去日苦多，渴望从头来过。生命就这样常常在昨天的失落和明天的迷惘中虚度。其实，过去的永远不可能重来，未来的也难以期待，生命就在一呼一吸之间，只有今天，只有此时此刻此分此秒才是真实的存在。

（二）美丽青春应无遗憾

诗人郭小川赞美青春道：“在青春的世界里，沙粒要变成珍珠，石头要化做黄金……青春的魅力，应当叫枯枝长出鲜果，沙漠布满森林……这才是青春的美，青春的快乐，青春的本份！”青春啊！多么美妙的字眼。在岁月的年轮上，青春的花朵最鲜艳；在时空的隧道里，青春的价值最崇高。青春的风铃，吹开了心扉；青春的彩笛，吹动了梦想；青春的音符带领青少年奔向美好的未来。

一位年青人蓦然觉得时光匆匆，光阴虚度，内心惭愧惶恐，去拜访一位 84 岁的老学者，向他倾诉内心的困扰。

老人说：“你应该抓紧现在和未来的日子。”

年青人说：“是的，我在尽力。但是，我已浪费了 20 多年。”

老人摇头说：“达尔文说他贪睡，把时间浪费了，却写了《物竞天择论》；海明威说他打猎、钓鱼，把时间浪费了，终于获得了诺贝尔奖；居里夫人说她为孩子和家务忙，浪费了时间，然而她不但发现了镭，而且还把孩子教育成了科学家。”

年青人说：“这些人都是天才！我只是个愚蠢的平凡人，平凡人啊！”

“你有权评定自己是个平凡人。但是，我想提醒你，只要有明确的目标，在任何时间，做任何事，都不会妨碍思考和研究，甚至有助于思考和研究。他们自以为浪费了时间，实际上并没有浪费。”

“但是，我年纪不小了。”

“我 70 岁那年，拟完成一个需要 10 年才能完成的研究计划。当时，我向一位 20 多岁的年轻朋友谈到这计划，他笑了笑。我知道他为什么笑，在他看来，70 多岁的老人，时日已不多，还能做些什么。10 年过去，我的工作如期完成，仍然在实验室忙着，而那位年轻朋友却一事无成。”老学者挺了挺胸，笑了。

这一番话，如当头一棒，年青人呆了……

青春是人生播种希望的季节，用不凋的希望和虔诚的向往编织美丽的花环；但青春需要好好把握今天，才能用意志的果实和勤奋的汗水酿成历久弥香的琼浆。花无再开日，人无再少年。青少年朋友，趁青春作伴，在平凡的日子，用绿叶诠释青春，让生命充实；在花开的季节，用果实描绘生命，给自己一个丰收的青春。

二、最快乐的是今天

不必为已逝年华叹息，无须为未来岁月担忧，唯有今天的生命客观真实。年轻人啊，把快乐献给今天，自然有人生幸福。

（一）昨天、今天和明天

人的一生如果按天数来说可简化为昨天、今天和明天。但是对人来说，重要的只有今天。因为昨天像那东流水，永远不回头；明天像那水中月，可望不可及。只有今天我们能够真切地握在手中。所以，要抓住今天，快乐学习、工作和生活，今天事情今天毕，让今天充实和快乐，就会有美好的明天。

柯罗是法国著名画家。他曾经三次旅游意大利，遍游法国，深入大自然，创作了一批简练、淳朴、继承传统又出新意的风景画和人物画。

有一天，一位青年画家来到柯罗家，把自己的作品拿出来给柯罗看。柯罗指出了对方作品中的几处他觉得不满意的地方，青年画家很感动，连忙表示："谢谢您，明天我全部修改。"柯罗激动地问道："为什么要明天？您想明天改吗？要是您今天就死了呢？"

生命只在呼吸间，明天也许我们已经远在天国。成功人士把握现在，在今天就努力实现今天的目标，正如希拉尔·贝洛克说："当你做着将来的梦或者为过去而后悔时，你唯一拥有的现在却从你手中溜走了。"

（二）经常说"今天最好"

一位企业家问卡耐基，是否可以给急于成功的青年人一些忠告。

他说："可以。每天早晨自己宣誓：只为今天的快乐而奋斗。我们常常觉得需要做一些运动，让自己从半睡半醒状态里醒过来。但我们更需要一些精神和思想上的运动，使我们每天早上能够真正地活动起来。每天早上给自己打打气吧！"

美国著名的内科医学家奥斯勒活到98岁才去世，他养生长寿的经验是——经常说："今天最好！"

奥斯勒教授说："过去的就让它过去吧，过去曾发生过那么多烦恼的事，既然这样，除非要从历史中总结经验，我们应该把死亡的昨天彻底埋葬。我们也不要为明天忧虑，这当然不是指不要计划明天，而是不要为还没有发生的事情而忧虑。今天，只有今天，才是真真切切的生活，我们决不能让对昨天和明天的忧虑破坏今天宁静的生活。今天就是我每年最好的一天——我经常在早晨诵读这句话。它帮助我获得宁静的快乐。事实上，许多人不是担心未来、便是难忘过去，背负着太重的人生负担，而成为他们患病和加重病情的原因。"奥斯勒劝诫人们："只要经常说：'今天最好！'就能有宁静。"

一个人快乐一生很难，快乐一天却很容易。很多人认为人生成功才快乐，把快乐的希望寄托在功成名就后的荣华富贵，因此活得很苦很累。其实，快乐很简单，经常说"今天最好"，心情就阳光起来，快乐就来了。只要我们这样一天天坚持到底，快乐人生轻轻松松就成了。

三、每天进步一点点

成功之道，犹如登山，坚持天天进步，即使每天一小步，也是天天新高度。

（一）只需一步一步地走

合抱之木，生于毫末；九尺之台，起于垒土。梦想之国远在天边，也许永不可及，但是那又有什么关系呢！我们只需要一步一步地走，充分享受每前进一步的快乐就行了，说不定哪天蓦然回首时，我们已在理想乐园。

一只新组装好的小钟放在两只旧钟当中。两只旧钟“滴答”、“滴答”一分一秒地走着。

其中一只旧钟对小钟说：“来吧，你也该工作了。可是我有点担心，你走完三千二百万次以后，恐怕便吃不消了。”

“天哪！三千二百万次。”小钟吃惊不已。“要我做这么大的事？办不到，我办不到。”

另一只旧钟说：“别听他胡说八道。不用害怕，你只要每秒滴答摆一下就行了。”

“天下哪有这样简单的事情。”小钟将信将疑。“如果这样，我就试试吧。”

小钟很轻松地每秒钟“滴答”摆一下，不知不觉中，一年过去了。它摆了三千二百万次。

简单的事重复做，每天前进一小步，这是许多人成就大事业的秘诀。青少年都希望梦想成真，但倦怠和不自信让很多人半途而废。其实，当我们明确人生目标，制订好规划后，对以后就不必担心太多，专注于今天的小目标，然后努力去完成就行了，就像那只小钟一样，每秒“滴答”摆一下，成功的喜悦就会慢慢浸润我们的生命。

（二）每天进步 1%

现代社会发展日新月异，青少年如果不坚持学习，很快就会落伍，被时代抛弃。因此，无论何时何地，青少年都不要忘记给自己加油打气，保持每天进步一点点，早迟登上人生的冠军领奖台。

1986 年美国职业篮球联赛开始之初，洛杉矶湖人队面临重大的挑战。前一年湖人队有很好的机会赢得冠军，当时所有的球员都处于巅峰状态，可是决赛时却输给了波士顿的凯尔特队，这使所有球员都极为沮丧。

教练派特 · 雷利为了使球员们相信他们有能力登上冠军的宝座，便告诉大家：“只要能在球技上进步 1%，那么比赛便会取得出人意料的好成绩。”

1%的成绩似乎是微不足道的，可是，如果 12 个球员都进步 1%，整个球队便能进步 12%，足以赢得冠军宝座。结果，在后来的比赛中，大部分球员不止进步 1%，有的甚至高达 5%以上。这一年湖人队果然夺得了冠军。

美丽的奇迹来自脚踏实地。每天前进一小步，人生就是一大步。青少年如果每天进步 1%，一年会进步多少，一生怎样变化，恐怕连自己都难以想象。我们不要费心去寻找成功的捷径，因为只有稳健踏实地前进，成功根基才比别人深厚扎实，才可能最终创造人间奇迹。

（三）水滴石穿，快乐自成

用滴水穿石的精神串起每个快乐成功的今天，快乐人生水到渠成。

1. 滴水穿石的启示

有一个人总是落魄不得志，便有人向他推荐智者。智者舀起一瓢水，问：“这水是什么形状？”这人摇头：“水哪有什么形状？”智者不答，只是把水倒入杯子，这人恍然：“水的形状像杯子。”智者无语，又把杯子中的水倒入花瓶，这人悟道：“水的形状像花瓶。”智者摇头，轻轻提起花瓶，把水倒入一个盛满沙土的盆，水一下溶入沙土，不见了。

智者弯身抓起一把沙土，叹道：“看，水就这么消逝了，这也是一生！”这个人对智者的话咀嚼良久，高兴地说：“我知道了，您是通过水告我，社会处处像一个个规则的容器，人应该像水一样，盛进什么容器就是什么形状。而且，人还极可能在一个规则的容器中消逝。”

“是这样，又不是这样！”说毕，智者出门，在屋檐下伏下身子，手在青石板的台阶上摸了一会儿。这人也把手指伸向智者手指所触之地，他感到有一个凹处。智者说：“一到雨天，雨水就会从屋檐落下，这凹处就是水落下的结果。”此人遂大悟：“我明白了，人可能被装入规则的容器，但又应像这小小的水滴，改变着这坚硬的青石板，直到破坏容器。”

人生如水，我们既要尽力适应环境，也要努力改变环境，实现自我。青少年要多一点韧劲，经得起风吹雨打，才可以克服更多的困难，战胜更多的挫折，开出生命美丽的青春花朵，结出幸福人生的果实。

2. 天天成功的人生

成功是一种习惯，失败也是一种习惯。只有天天享受成功快乐的人，才可能有滴水穿石的进取精神，去彻底改变人生的命运。因此，要学会细分奋斗目标，明确每天的任务，从早上出发，晚上就能顺利到达。

有位母亲在剥花生，为春天准备良种。

少年问：“妈妈，要准备多少种子？”

母亲指了指化肥袋子说：“要剥一口袋。”

“那要什么时候才能剥满一袋子，一粒一粒的。”

“想到要剥满一大口袋，确实让人有些灰心，但我把那一大袋子分成了这无数的小盆，情况就不一样了。”母亲指着手里装满花生粒的小盆，说，“我已经计算好了，只要每天坚持剥这么一小盆，到春天时，我的袋子就满了。我做完其他家务事，剩余时间完成这一小盆绰绰有余。” 母亲胸有成竹地说。

少年忽然懂了，要想实现远大的理想，就要分解目标，制订计划，让每天的目标可望又可及，从而落到实处，最后才能到达成功的彼岸。

天才的成就来自坚持到底的奋斗。把伟大理想细分成每天可以实现的小小目标，每天一个新的开始，每天一个完美的结果，天天享受成功和进步的喜悦，这是快乐奋斗的大智慧。

3. 功到自然成

“大学习”智慧人生，快乐奋斗梦成真。青少年如果不想虚度一生，那就要坚持终生全面学习，快乐奋斗到底。

19 世纪后期，法国批判现实主义作家莫泊桑在幼时受母亲的熏陶而爱好文学，在卢昂上中学时，受到他的老师路易·布耶的指导，开始多种体裁的文学习作。普法战争结束后，他先后在海军部和教育部任职。工作之余孜孜不倦地写作，得到法国大作家福楼拜的指导。福楼拜教莫泊桑写小说要在练基本功上下功夫，因此十几年不让他发表小说，只是写作。1879 年夏，以左拉为首的 6 位标榜自然主义的文人，在左拉的梅塘别墅聚会，商定各写一篇以普法战争为背景的短篇小说，莫泊桑写了《羊脂球》，得到福楼拜允许发表，从此一举成名。

滴水能把石穿透，万事功到自然成。这个世界不是绝对公平，但无论做什么，只要坚持快乐奋斗，就能得到每天的快乐，并最终收获成功人生的幸福。

第二节　快乐每一天

时间是人生最宝贵的财富，只有放下心灵沉重的包袱，快乐每一天，才能在快乐人生的路上做一个生命的小太阳，在照亮自己的同时给别人温暖。

一、时间是快乐的财富

人生苦短，快乐学习、工作和生活，要充分用好每一分每一秒。时间是我们不可多得的财富，无度挥霍和痛苦度过，是对生命的奢侈和浪费，都是不能饶恕的罪过。在痛苦的时候，时间的秒针绝不会停下怜惜的脚步；在嗟叹岁月匆匆时，它也毫不留情地从我们身边闪过。我们如果希望人生过得有意义，就必须重视时间的价值，做有益的事，让每天都过得快乐充实。

一位 22 岁的青年，在遭受人生的种种不幸之后，情绪低落到极点，对生活失去了信心。无奈之下，他找到一位算命先生为自己占卜未来。算命先生说，他只能活到 45 岁。

算命先生不祥的预言，却改变了青年一生的命运。从此，他不再怨天尤人，而是积极乐观面对生命中的每一天，并为自己后 23 年的人生做了合理的安排。他认真计划了每一年要做的事，要实现的目标，昼夜忙碌着，每天都在和死神赛跑。终于，他的计划都实现了。他最终成功了。45 岁生日那天，吉祥如意的祝贺声让阎王爷不敢喊他去报到。

后来，他深有感触地说："如果每一个人都能预先知道自己的寿命，人们就知道自己还有哪些事情该做而没有做，从终点往回走，这个世界一定会有更多有成就的人。"

时间是一味能治百病的良药，把每一天都过好，人生就了无遗憾。珍惜生命，珍惜时间的财富，善待每一天，快乐每一天，不要让它轻易溜走。高尔基说："世界上最快而又最慢，最长而又最短，最平凡而又最珍贵，最易被忽视而又最令人后悔的就是时间。"愁人叹夜长，志士惜日短。渴望实现人生价值的人总是十分珍惜时间，他们争分夺秒快乐工作，在创造财富的同时创造了自己的成功人生。

华罗庚说："时间是由分秒积成的，善于利用零星时间的人，才会做出更大的成绩来。"人最宝贵的是生命，生命由时间构成。然而，很多人只重视生命，却不珍惜时间，等于慢性自杀。生命的价值在于合理地用好时间。珍惜时间的人最终将得到金钱、名誉、地位、健康、快乐等人生美好的东西；浪费光阴的人却碌碌无为，一事无成。

深夜，死神如期来到一个危重病人身边。病人对死神说："再给我一分钟，好吗?"

死神回答："你要一分钟干什么?"

他说："我想利用这一分钟看看天和地，想一想亲人朋友。"

死神说："你的想法不错，但我不能答应，这一切我都留了足够的时间让你去欣赏，你却没有像现在这样珍惜。你看一下这份账单：在 60 年的生命中，你有 1/3 的时间在睡觉；剩下的时间里，你经常拖延时间，感叹时间太慢的次数达到了 10 000 多次，平均每天一次。

上学时，你拖延家庭作业；成人后，你抽烟、喝酒、看电视，虚掷光阴。我给你记了账：做事拖延时间1520天；重复做事浪费了600多天……”

听到这里，病人叹息一声，断了气。

死神遗憾地说：“假如你活着的时候能节约一分钟的话，你就能听完我给你记下的账单了。哎，真可惜，世人怎么都是这样，总是等不到我动手就后悔死了！”

每个人最终都会走向冰冷的坟墓，化为护花的沃土，所以，活着就是福气，一定要珍惜时间的快乐财富。“一寸光阴一寸金，寸金难买寸光阴。”失去的金钱可以再挣，但远去的时光无法再追。我们无法选择生命的长度，但可以增加生命的宽度。延长生命唯一的方法是努力提高工作效率，在有限的一生中做更多有意义的事。一定要时常提醒自己：拖延时间是最大的浪费，懒散是对生命的犯罪，快乐人生美好时光比金子还珍贵。

二、丢掉不快乐的包袱

詹姆斯说：“不快乐的态度不仅痛苦，而且卑下。还有什么能比憔悴、哭泣和哀怨的情感更卑下、更不值钱的呢？还有什么能比不快乐的表现更容易伤害别人？还有什么比不快乐更不利于克服困难？不快乐的态度只能加剧和延长困境，使不利的情况更加不利。”所以，当我们快乐时，要永远记住这美好的时光；当我们痛苦时，就要尽快忘掉它，丢掉那些不快乐的包袱，大踏步前进。

一个青年背着大包袱千里迢迢找到无际大师，说：“大师，我是那样的孤独、痛苦和寂寞，长期的跋涉使我疲倦到了极点；我的鞋子破了，荆棘割破了双脚；手也受伤了，流血不止；嗓子因为长久的呼喊而沙哑，为什么我还不能找到心中的目标呢？”

大师问：“那么，你的大包袱里装的什么呢？”

青年说：“它对我可重要了。包袱里装的是我每一次跌倒时的痛苦，每一次受伤后的哭泣，每一次孤寂时的烦恼……靠它，我才走到您这儿。”

于是，无际大师带着青年来到河边。他们坐船过河，上岸后，大师说：“你扛着船赶路吧！”

“什么？扛着船赶路？”青年很惊讶，“它那么沉！我扛得动吗？”

“是的，孩子，你扛不动它。”大师微微一笑，说：“过河时，船是有用的。但过了河，我们就要放下船赶路，否则，它会变成我们的包袱。痛苦、孤独、寂寞、灾难、眼泪，这些对人生都是有用的，它能使人生得到升华，但须臾不忘，就成了人生的包袱。放下它吧！孩子，人生不能太负重！”

青年放下包袱，继续赶路。他发觉自己的步伐轻松而愉快，比以前也快得多了。

人生在世，功名利禄、爱恨情仇、成败得失，哪样放下都不易，但是太多的人生欲望包袱确实让生活又苦又累。人生拿得起重要，放得下更重要。昨天好似用过的支票，明天更像尚未发行的债券，只有今天是现金，可以马上使用。潇洒地放下昨天的包袱，让痛苦和烦恼随风而去，抓住今天，迈出轻快的脚步，去追赶自己的幸福。

人生总有缺憾，凡事苛求完美，结果只会因心理负担沉重而让自己不快乐。生活中，不少人常常在自己的原则和人情世故的矛盾中反复挣扎。他们凡事没有一个理想的结果就不甘心，不想和讨去付出的心血勇敢说再见，总想事情有个完美的结局，所以最终命运都苦。

一个漂亮女人，倾其一生寻找一位完美的男人，直到70岁了还单身。

朋友问她：“你寻找了一辈子，也找寻了很多地方，难道一个完美的男人都没有遇到吗？”

女人十分伤心地说：“有一次，我碰到了一个完美的男人。”

“那你为什么没有和他结婚呢？”

女人无奈地说："没有办法，他也正在寻找一个完美的女人。"

人之所以痛苦，大多缘于强求十全十美的东西。事实上，完美的事只会出现在童话故事里。世间万物皆不完美，完美只是长满尖刺的玫瑰。快乐不只是成功时的狂喜，更多的是追求完美过程中的一点一滴。

人生不快乐的另一个重要原因就是爱比较，而且我们总爱拿自己的短处和别人的长处相比，结果比出了烦恼和痛苦。

一天，上帝酒足饭饱之后，突发奇想：假如让现在世界上每一种生存者再活一次，他们会怎样选择呢？于是上帝给世间众生发一问卷，让大家来填写。

卷子收回后，令上帝大吃一惊，请看他们各自的回答：

猫：假如让我再活一次，我要做一只老鼠。我偷吃主人一条鱼，会被主人打个半死；老鼠却可以在厨房里翻箱倒柜，大吃大喝，人们对它也无可奈何。

鼠：假如让我再活一次，我要做一只猫，吃皇粮，拿官饷，从生到死有主人供养。

猪：假如让我再活一次，我要当一头牛，生活虽然苦点，但名声很好；我们似乎是傻瓜懒虫的象征，连骂人也要说"蠢猪"。

牛：假如让我再活一次，我愿做一头猪，我吃的是草，挤出来的是奶，干的是力气活，有谁给我评过功，发过奖？做猪多快活，吃罢睡，睡醒吃，肥头大耳，生活赛过神仙。

……

最有意思的是人的答卷，男人一律写到：假如让我再活一次，我要做个女人，上电视、登报刊、做广告、印挂历，多风光。即便是个无业青年，只要长得漂亮，一阵银铃般的笑声，一句嗲声嗲气的撒娇，一个朦胧的眼神，都能让那些正襟危坐的大款们在石榴裙下拜倒。

女人的答卷一律填写：假如让我再活一次，一定要做个男人，经常出入酒吧、饭店、夜总会，不做家务，还老是一副大男人主义，多潇洒。

上帝看完，气不打一处来，一把将所有的答卷撕得粉碎，厉声喝道：一切照旧！

世人往往就是这样，总认为别人很棒，常常自轻自贱，不相信自己体内隐藏着无穷无尽的能量。如果有来生，让我们选择再活一次，未必如愿。事实上，我们生活中拥有的，也许不够美丽，更无法令人如意，但他们是真实的，是我们快乐生活真正的天地。

三、做个生命的小太阳

青年人的眼睛里燃烧着热情的火焰，老年人的眼睛里放射出智慧的光芒。不管是朝气蓬勃的年青人，还是垂暮之年的老人，只要有了“快乐心”，就可以做个生命的小太阳。这好比初升的朝阳光芒万丈，落日的余晖灿烂美好，它们都是快乐人生好时光。

一个16岁的少年去拜访一位年长的智者。

少年问：“我怎样才能成为一个自己快乐，也能让别人快乐的人呢？”

智者笑着说：“孩子，在你这个年龄有这样的愿望，已经很难得了。我送你四句话吧。第一句就是，把自己当成别人。”

少年说：“是不是说，在我感到痛苦忧伤的时候，就把自己当成别人，这样痛苦自然就减轻了；当我欣喜若狂之时，把自己当成别人，那样狂喜也会变得平和一些？”智者微微点头。

智者接着说：“第二句话就是，把别人当成自己。”少年沉思了一会儿说：“这样就可以真正同情别人的不幸，理解别人的需要，并给予别人适当的帮助。”

智者继续说：“第三句话是，把别人当成别人。”少年默默地思索着，然后回答说：“这句话是不是说，要充分尊重每个人的独立性，在任何情形下都不能侵犯他人的领地。”智者哈哈大笑：“很好，很好，孺子可教！”

智者说：“第四句话，把自己当成自己。这句话理解起来太难，你留着以后慢慢品味吧！”

少年说：“也好。不过需要多长时间我才能把它们统一起来呢？”

智者说：“很简单，用一生的时间。”

一生的快乐，需要用一生的实践来感悟。人生由许多个今天组成，看起来无数，其实匆匆而去，只留下欢乐和痛苦的脚步。多记住欢乐时光的足音，喜迎东升的太阳，让我们每天都生活在明媚的阳光中，这样的人生不仅自己无憾，而且受人欢迎。

一只乌鸦打算飞往南方，途中遇到一只鸽子。鸽子问：“你这么辛苦，要飞到什么地方去呢？为什么要离开这里呢？”

乌鸦叹了口气，愤愤不平地说：“其实我不想离开，可是这里的居民都不喜欢我的叫声，他们看到我就撵，有些人还用石子打我，所以我想飞到别的地方去。”

鸽子好心地说：“别白费力气了。如果你不改变声音，飞到哪儿都不会受欢迎的。”

许多人总喜欢抱怨所处的环境不好，责怪别人不欢迎他，却从不反省自己的言谈举止，是否值得他人尊重。假如一个人不经常反省自己，只是责怪别人和报怨环境，他就像这只乌鸦一样，到处惹人讨厌。要做一个大家喜欢的人，就要用热情和智慧的阳光给人们带去快乐和幸福。

人生的快乐和幸福在哪里呢？很多人自然想到功名利禄。但是，代表了一代人梦想的拿破仑，得到了世界上绝大多数人渴望拥有的荣誉、权力、财富，他却说：“我这一生从来没有过上一天幸福的日子。”海伦·凯勒又聋、又瞎、又哑，可她却说：“生活是这么美好。”

有一对夫妇下岗后，在早市上摆个小摊，靠微薄的收入维持全家人的生活。他们没有了从前让人羡慕的工作，也没有了叫人衣食无忧的生活，但他们依然过得很幸福。

朋友们都问他们为什么还能这么快乐？

男人说：“我们虽然无法改变目前的境况，但可以控制自己的心态，虽然下岗了，但生活是否幸福还是由自己说了算的。”

女人说：“我们没有了工作，再不能没有快乐，如果连快乐都丢了，那还怎么活！”

我们常常看到：一些生活并不富裕的人，整天笑呵呵的，而有的人腰缠万贯，却成天愁眉苦脸；有的人骑着自行车却唱着小曲，有的人坐着轿车却双眉紧锁。这看似不合逻辑的画面深藏着什么道理呢？其实，人的快乐与否完全是由自己决定的。我们把快乐安顿在自己的心房里，想快乐，随时都可以快乐，没有谁能阻拦。所以，亲爱的朋友，请不要虚度年华、浪费生命，做个生命的小太阳，快乐每一天，为自己赢得幸福，为他人带去快乐。

第四节 做一个幸福的人

幸福是快乐人生的果实。人心中有爱才能尽尝幸福的甜美。爱像一盏明灯，照亮自己，温暖他人，引领我们成为一个幸福的人。

一、爱是快乐人生的明灯

爱是黑夜的星光，指引黎明的方向；爱是酷暑的甘泉，滋润干涸的心田；爱是寒冬的火苗，点燃春的绿茵；爱是全心全意的奉献，是快乐人生执著的涅槃。是啊！爱是人世间最美好的东西，像春天的阳光，照亮世界，更温暖人心。

一位睿智的父亲为了考验三个儿子的聪明才智，分别给三个儿子 100 元钱，要他们去买东西装满仓库。

大儿子思考了很久，决定用 100 元钱买最便宜的稻草。稻草运回来之后，结果连仓库的一半都装不满。

二儿子将那 100 元钱买了一捆棉花，将棉包拆开，希望能装满仓库，但也只装满仓库的三分之二。

两位哥哥失败后，三儿将父亲请到仓库，然后把大门和所有的窗户都牢牢关上，从口袋中拿出花 1 元钱买来的火柴，点燃也是用 1 元钱买来的小蜡烛。顿时，漆黑的仓库充满了烛光，虽然微弱，却很温暖。

人生很难有足够的金钱填满欲望的仓库，却可以用点点爱心装满快乐的心灵，用生命的烛光给大家带来温暖和希望。是啊，我们只要在平凡的生活中坚持付出一点爱心，生活将变得更加阳光灿烂。比如，帮助老人小孩穿过公路，为病人孕妇让让座，到老人院做做义工……快乐就悄悄地来到身边。

一位名家说："感动别人是享受自己，享受自己心灵中最好的一部分。爱的最高境界是爱别人，爱的最大境界是爱天下。"爱是人类最伟大、最无私的感情，它清除悲伤的瓦砾，推倒绝望的断壁，点燃希望的灯，使濒临绝境的人重新看到生活的希望。

一位在山中修行的禅师，有一天夜里趁着皎洁的月光，在林间的小路上散完步后回到自己住的茅屋时，正碰上有个小偷光顾。他怕惊动小偷，一直站在门口等候……

小偷找不到值钱的东西，返身离去时遇见了禅师，正感到惊慌的时候，听禅师说："你走老远的山路来探望我，总不能让你空手而回呀！"说着脱下了身上的外衣，说道："夜里凉，你带着这件衣服走吧。"

说完，禅师就把衣服披在小偷身上。小偷不知所措，低着头溜走了。

禅师看着小偷的背影，感慨地说："可怜的人呀，但愿我能送一轮明月给你！"

第二天，温暖的阳光融融地照着茅屋，禅师推开门，一眼便看到昨晚那件外衣整齐地叠放在门口。禅师非常高兴，喃喃地说道："我终于送了他一轮明月……"

爱心是冬日里的一缕阳光，融化了刺骨的寒霜；爱心是久旱后的一场甘霖，滋润了龟裂的心田；爱心是汪洋中的航标，指明了新生的希望。感谢这轮明月，它照亮了一颗阴暗的心；感谢禅师慈悲的心肠，他点燃了小偷良知的明灯，使他有了新生的力量。

人世间爱的明灯，闪烁着人性最美丽的光辉，照亮夜行人的行程和归途，也照亮落寞者孤独的心房，给人无穷的希望和力量。让心灵美好一些，把心灵的窗户擦得洁净一些，让一缕缕灯光透过窗子，一点点温暖心房，不断集聚爱的力量，人生的命运将就此改变。

美国一位大学教授和他的学生来到黑人贫民窟搞调查，其中有一个课题是预测该地区 250 名黑人孩子将来的前途。学生们认真地做着报告，结论是这些孩子将来会无所作为，只能成为社会的负担。

30 年后，教授去世了，他的一个同事发现了这份报告，在好奇心驱使下，来到了贫民窟。他看到，事实并不像报告的结论那样令人沮丧。相反，发生的一切让这位同事佩服得五体投地。原来接受调查的 250 名孩子中，除 18 人远走他乡没有消息外，其余 232 人都成就斐然。他们当中有的成了银行家，有的成了大律师，有的成了企业家，有的成了著名球星、影星。

他逐一采访了这 232 人，追问他们何以能成功。这些人说得最多的是：“我们应该感谢我们的小学老师。”

同事费尽周折找到了那位已经白发苍苍的小学教师。老人说话已经不大清楚，但是有一句话大家听得非常清楚，她说：“我爱这些孩子。”

在茫茫人海中，一位小学老师很平凡，好比一星微光，但是她却为那么多生活在艰难环境中的孩子们，点亮了一盏指向光明前途的明灯，用爱给孩子们送去了成长的阳光。有心之爱，处处皆温暖。“我爱这些孩子”，这一句话已足够说明孩子们成功的原因。

二、爱别人就是爱自己

人生在世，犹如沧海一粟，离开了大海就会瞬间干涸，只有大家相互依靠、互相帮助，才能生存。正如诗人艾青所说：“在寒冷中最先死去的不是没有衣服的人，而是自私的人；只有互相拥抱才能带来温暖。”是啊，如果人人都献出一点爱，这个世界就会变成美好的人间。

一个人问上帝：“为什么天堂里的人快乐，而地狱里的人一点也不快乐呢?”

上帝说：“你想知道吗?那好，我带你去看一下。”

他们先来到地狱，走进一间房，看见许多人围坐在一口大锅前，锅里煮着美味的食物，可每个人都又饿又失望。原来他们手里的勺子太长了，没法把食物送到自己的嘴里。

上帝说：“我们再去天堂看看吧。”

于是他们来到另一个房间，看见的是另一幅景象。虽然人们手里的勺子也很长，可是，这里的人其乐融融。这个人很奇怪。上帝笑着说：“你看下去就知道了。”开饭了，只见他们相互间用勺子把食物送到别人的嘴里。

同样的长勺子，带给人的是快乐的天堂，还是痛苦的地狱，只在于人们怎样用它。人生的旦夕祸福，谁都无从预料，谁也不能轻而易举地把意外伤害化解掉。行走人世间，谁能仅靠一己之力抵挡住迎头而来的风和雨？而关爱，让我们相扶相助，共同走完风雨人生路。当我们付出真诚的爱和关怀，就会有人在风雨中撑起一把伞，在寒风中送来贴心的温暖！

有位医生素以医术高明享誉医学界，事业蒸蒸日上。但不幸的是，就在某一天，他被诊断患有癌症。这对他无疑当头一棒。他曾一度情绪低落。但是，他很快接受了这个事实，而且心态也为之一变，变得更宽容、更谦和、更懂得珍惜所拥有的一切。在勤奋工作之余，他从没有放弃与病魔搏斗。就这样，他已平安度过了好几个年头。因此，有人惊讶他的事迹，就问他是什么神奇的力量在支撑着他。

这位医生笑盈盈地答道：“是希望，几乎每天早晨，我都给自己一个希望，希望我能多救治一个病人，希望我的笑容能温暖每个人。”

这位医生不但医术高超，做人的境界也很高。与其说是希望给了医生力量，还不如说是爱的力量让他创造了生命的奇迹。

乐于助人，乐意向别人伸出援助的手，并从帮助别人的行动中获得快乐。因为帮助别人不仅能体现自己的价值，而且让自己的内心世界宁静安详，觉得生活在一片明媚的阳光下。在人生的大道上，搬开别人脚下的绊脚石，也是自己畅通无阻的需要。

一头驮着沉重货物的驴，气喘吁吁地请求只驮了一点货物的马：“马兄，帮我驮一点东西吧！对你来说，这不算什么；可对我来说，却可以减轻不少负担。”

马不高兴地回答：“你凭什么让我帮你驮东西？我乐得轻松呢。”

不久，驴累死了。主人将驴背上的所有货物全部加在马背上。马懊悔不已。

我们生活在同一个世界，每个人的好坏都与我们直接或间接相关。别人的不幸不能给我们带来快乐，相反，人在奉献的时候最快乐。一位信佛的老人说，人好比一只空杯，里面的水满了，你得施一半给人家，待杯子里又满了，再施一半给人家。只有不断进、不断出，这个杯子才有使用价值，杯中水也才是活水。如果只进不出，你那只杯子也就再也装不进了。当我们得到一杯水的时候，请别忘记，其中的一半是奉献。

在一场激烈的战斗中，上尉忽然发现一架敌机向阵地俯冲下来。照常理，发现敌机俯冲时要毫不犹豫地卧倒。可上尉并没有立刻卧倒，他发现离他四五米远处，有一个小战士还站在那儿。他顾不上多想，一个鱼跃飞身将小战士紧紧地压在了身下。此时一声巨响，飞溅起来的泥土纷纷落在他们的身上。

飞机过后，上尉站起来，拍拍身上的尘土，回头一看，顿时惊呆了：刚才自己所处的那个位置被炸成了一个大坑。

生命的意义在于付出，在于给予，而不是在于接受，更不是在于索取。帮助别人不但能够换来自己内心的富足，还会对自己有利。古谚说“投之以李，报之以桃”，“滴水之恩当涌泉相报”。每个人都有感恩的心，自己对别人的一点点好，别人总是挂在心底，在需要的时候，自会有人给我们关怀和帮助。

三、爱为快乐划上幸福句号

罗兰说：“爱是生命的火焰，没有它，一切变成黑夜。”爱既是快乐人生的起点，又是幸福人生的伙伴。爱从善待自己开始，到奉献社会修成幸福的正果。一个不懂得自爱的人，怎知道去爱别人？爱不是虚荣、贪婪、傲慢、自命不凡，而是一种善待自己的情感，也就是修养身心，保持身心健康。就这样，有了爱的人们，无论走到哪里，都会辐射出爱，在善待他人的过程中，发现自己能够获得一个愉悦的心情。这种愉悦正是爱产生力量的源泉。

一个生命垂危的病人，从病房里看见窗外墙边一棵树上的叶片，在秋风中一片片地掉落下来。病人望着眼前的萧萧落叶，身体也随之每况愈下，一天不如一天。她说：“当最后一片树叶掉下时，我就要死了。”

楼下一位叫贝尔西的老画家得知这一情况后，树上已剩下最后一片叶子。当天夜里，他顶着夜里的暴风雪，用彩笔在墙上画了一片叶脉青翠的树叶。

最后一片叶子始终没掉下来，病人因此奇迹般地活了下来。老画家却因风寒得病不幸去逝。

老画家贝尔西一生不得志，梦想的传世杰作一直没有诞生。但是，他最后用生命为颜料，以爱心做画笔，终于画出了人间最美的永不凋落的生命之叶，同时让自己的生命与上帝同在。是啊，如果希望别人快乐，我们就要学会爱；如果希望自己快乐，我们也必须学会爱。因为只有爱，才能让幸福向我们走来。

我们是自己幸福的主人，但是必须付出爱心行动。很多人都有一颗爱心，但却没有将其付诸行动，而让其在岁月中尘封。爱是无私的奉献，不求任何回报的爱事实上能够收获巨大的快乐。心理学研究证明，在主动帮助别人的过程中，人们能够发现自己的生存价值，帮助别人的过程也是实现自我价值的过程。近些年来，心理疾病越来越普遍，有研究表明，越是富有或地位越高的人，越容易患心理病症，尤其是一些富豪和明星。但是也有很多富豪和明星从来不看心理医生，调查发现，他们都是富有爱心的人，经常从事慈善活动，在帮助弱势群体的同时，满足了精神上的需求，因而一生幸福快乐。

有位女人家境很富裕，无论是财富、地位、权力，还是漂亮的外表，都没有人能够比得上她，但她仍然郁郁寡欢，连个谈心的人都没有。于是她就去请教无量禅师，询问如何才能具有魅力以及赢得别人的喜爱。

无量禅师告诉她："你能随时随地和各种人合作并具有和佛一样的慈悲胸怀，讲些禅话，听些禅音，做些禅事，用些禅心，那你就能成为有魅力的人。"

女人听后，问："请问禅话怎么讲？"

无量禅师回答："禅话，就是说开心的话，说真实的话，说谦虚的话，说利人的话。"

女人又问："请问禅音怎么听呢？"

无量禅师回答："禅音就是化一切声音为微妙的声音，把辱骂的声音转为慈悲的声音，把毁谤的声音转为帮助的声音，哭声闹声、粗声丑声，你都能不介意，那就是禅音了。"

女人再问："那请问禅事怎么做呢？"

无量禅师回答："禅事就是布施的事、慈善的事、服务的事、合乎佛法的事。"

女人进一步问："禅心是什么呢？"

无量禅师回答："禅心就是关爱他人的心。"

女人听完后，一改从前的骄气，在人前不再夸耀自己的财富，不再自恃美丽，对人谦恭有礼，对眷属体恤关怀，不久就赢得了很多人的喜爱。

泰戈尔说：“爱就是充实了的生命，正如盛满了酒的酒杯。”我们做人到底拥有多少成功和快乐，取决于我们付出了多少爱，又有多少人在爱着我们。财富、地位、权力和美貌固然重要，但只有美好的善心才能真正赢得人们的称道。要想做一个幸福的人，就要有一颗快乐的爱心，在爱的快乐中幸福生活一生。

附 录 快乐教育

快乐教育

教育塑造人，快乐教育造就贤达人。

一、“家教”养良习

行为的重复成为习惯。良好的习惯受益终身。

父母都希望儿女成才，但抓不住关键和要害，因此常有恨铁不成钢的感慨。给孩子食物，可以成长身体；给孩子观念，可以健全思想；给孩子良习，可以健康成才。健康的身体需要锻炼，健全的思想需要爱心滋养，良好的习惯则需要快乐护航。因此，在家庭教育中，父母要充分认识快乐的强大力量，在快乐中诱导孩子养成好习惯。好习惯一旦养成，就形成一种顽强而巨大的力量，助人顺利成长为贤达人士，获得人生幸福。

成功的家庭教育来自父母对孩子的深入了解、接受和尊重，给孩子创造一个快乐成长的小环境，才能养成良好的习惯。“桃李不言，下自成蹊。”显然，父母在家庭教育中起着榜样的作用。对孩子来说，家长是他们看得见、摸得着的英雄，父母的一言一行都在潜移默化地影响着孩子。孩子的好习惯或者坏习惯都是做父母的有意无意言传身教培养出来的。因此在孩子面前，父母要充分展示大人的教养和道德的一面，努力追求真善美，让孩子有个好榜样。为人父母只要力求贤达，修美德、说美言、做美事，就会不断进步，同时轻松教育好孩子。

幸福是人类的最高目标。父母要在孩子心灵的土壤早点播种快乐人生的种子，帮助孩子从小培养快乐人生的思维方式和实践能力。

学习不知足，智慧成伴侣；工作知不足，每天都进步；生活常知足，一生都快乐；珍惜已所有，幸福就长久。人生所有的功名，在自己的幸福面前都微不足道；世上所有的富贵，在内心的快乐面前都不重要。人生短暂，生命最真，快乐最善，幸福最美。当孩子走出金钱的迷宫，学会品味生活的点滴快乐，能够平静面对生命中的痛苦和忧伤时，我们的孩子就长大了。

家庭必然在孩子身上留下不可磨灭的印记，影响他的一生。幸福的家庭是亲情的王国，是心灵的乐土，是爱心滋长的地方，是人类美好思想的摇篮。家更是孩子的乐园，儿童在这里快乐成长，幸福的花朵在这里开放。孩子将来成长为什么人，学校教育和社会环境的作用十分巨大，但一个人最终能不能成才、获得人生幸福，归根到底受到家庭，特别是父母的影响。尊老爱幼、夫妻和睦、生活安康的和谐家庭，是孩子幸福人生种子生根发芽开花结果的地方。

帮助孩子培养“快乐心”，养成快乐生活的习惯，是父母的基本义务。快乐思想产生善行，善行重复成良习，良习铺就快乐生活大道。“快乐心”和仁爱相伴，与成功同行，走向和谐，是快乐生活的思想基础。追求人生幸福，要邀约“快乐心”相伴而行。所以练就感恩博爱、心清欲正、诚信正直、自信乐观的“快乐心”，是人生幸福的保障。没有风浪不是大海，没有痛苦何来快乐？月有阴晴圆缺，人有悲喜苦乐。世间万事万物，皆有两面性，就看人怎样选择。人生选择痛苦必然拥有痛苦；选择快乐就会得到快乐。帮助孩子学会享受在风吹雨淋中搏击的快乐，让孩子在生活的苦难中品味出甘甜，不断地成长，才能培养出优秀的人才。

帮助孩子学会“休闲学习”，培养孩子科学、文明、高雅的休闲方式，不但可以帮助孩子学到许多知识，还在不知不觉中养成孩子乐学的习惯。须知社会大世界，生活大课堂，休闲大学习，一个善于休闲学习的人，将在静静流逝的岁月长河中，悄悄成长为知识的弄潮儿。在生活中学习，是最有效的学习方法之一。对孩子来说，生活就是一所大学，这里的一草一木都可以成为研究、探索的对象，只要家长善于利用，生活中的每个细节都可以用来教育孩子。教会孩子炼就火眼金睛，认真观察和思考，留心细节，就可以在生活中学到很多知识。

孟母三迁，择邻而居，目的是为孩子创造一个良好的成才环境。我们建设学习型家庭，不仅可以为孩子创造一个良好的学习环境，也是现代社会父母自身发展的需要。建设学习型家庭是新时代人们的一种甜美的生活方式，帮助人们在快乐的休闲生活中保持不断进步。当全家人都喜欢学习时，学习自然是孩子的乐事，同时让孩子不知不觉养成勤学的习惯，从而终生以书为船，带领孩子从狭隘的地方，驶向生活无限广阔的海洋。

教孩子养成爱劳动的习惯，从小学会自力更生在家庭教育中非常重要。儿童从会用手拿汤勺并把它送到嘴里的时候起，就应从事家务劳动。这不仅提高了孩子的生活能力，同时为以后的工作奠定了基础。尝到过劳动快乐的儿童，长大后才会热爱工作，避免用说教和处罚来推动，而是主动用快乐工作去温暖心中的美梦。我们要明白，父母给子女最好的遗产不是金钱，因为不劳而获的金钱最容易让人腐化堕落、不思进取，失去人生最美好的工作乐趣；放手让孩子自奔前程，依靠他自己的两条腿走路，才能真正成为一个精神健全的人，找到人生的幸福。要从小向孩子灌输快乐奋斗、勤奋工作、奉献社会等价值观念，让孩子从小就知道天下没有免费的午餐，让儿童从小就学会为家庭成员创造物质和精神福利，并且在这种创造中找到快乐。父母还要在孩子的劳动中去发现孩子的禀赋、兴趣、爱好和特长，为他们将来的发展提供必要的条件和正确引导，帮助孩子成才。

帮助孩子养成健康的生活习惯，不仅是孩子快乐生活的需要，还是为孩子快乐奋斗加油的最好方法。一方面，要帮助孩子从小养成有规律的生活方式，早睡早起，坚持锻炼身体，练就强健体魄；

另一方面，要修炼孩子的心性，教会孩子节制欲望，理性为己，学会满意自己的选择。不要轻易满足孩子的欲望，要让孩子从小学会克制私欲，多考虑他人的利益，培养孩子的爱心和乐善好施的品德，孩子才能在以后的人生道路上健康成长。

二、“师教”明日月

教师是圣贤者的职业，肩负着人类的前途和命运，指引人们追求快乐和幸福。对学生来说，教师就像日月照耀大地一样照亮他们理性和道德的天空，指引学生找到心中热爱的梦想和奋斗的目标，教给学生奋斗方法，激励学生终生快乐奋斗，为社会发展和人类进步发最大的光和热，同时建设好自己的和谐生活。

“师者，传道授业解惑也。”作为传承文明薪火的教师，必须热爱自己的事业，充满生命的活力和激情，用炽热的爱来感动自己、感动学生、感动家长、感动社会，做一个快乐的教育者。教师的快乐不仅在于自己体察快乐、品味快乐，更在于创造快乐，传播快乐思想。一个守得住清贫，耐得住寂寞，具有良好道德、精湛技能、广博爱心、一流操守，具有崇高责任心和使命感的教师，就能够充分享受到教育的快乐。一名优秀的教育者应当爱岗敬业、追求卓越和勇于创新，立志为人类的进步奉献自己全部的爱。教师的爱是滴滴甘露，滋润学生求知若渴的心灵；教师的爱是融融春风，焕发学生追求成功的斗志；教师的爱是燃烧的火焰，温暖学生寻找幸福的旅途。

俗话说“名师出高徒”。教师的德才直接关系学生的成才。只有学而不厌诲人不倦的教师才能培养出优秀的学生。因此，教师要带头终生学习，坚持不懈地提高自己的水平和能力。同样“高徒出名师”。教师最大的快乐是创造出值得自己崇拜的人。因此教师要立足学生的长远发展来培养学生，切忌急功近利。如果只是少数教师把教育作为功利工具，那么只有一部分人将失去未来的幸福；如果大多数教师都去追逐功利，整个人类的幸福就会遥遥无期。做一个快乐的教育者，必须对教育充满爱，才能赢得学生的真心和家长的放心；去掉功利心，才能得到心灵的舒心。教师要培养出德才兼备的学生，自己必须德才双馨。优秀教师是思想上先进、治学上严谨、生活上简朴的文明传播者，是知识的海洋和智慧的太阳，是点燃学生知识火花的专家。如同大海源自细小溪流，广博知识来自点滴积累。优秀教师善以书为师，博采前人智慧；勤以工作为师，业务精益求精；爱以生活为师，追求学以致用。这样，教师在教学中就可以任意纵横，信手拈来，成为教育专家。

引领学生全面发展，走进幸福的殿堂是教育的根本目的。因此，寓教于乐，把学生引进知识的大门，养成乐学的习惯是教师的第一要务。一位充满教学智慧的教师，对学生有着巨大的吸引力，激发他们乐学上进的愿望，帮助学生逐渐养成孜孜不倦的学习热情，在终生的快乐学习中成就人生大智慧。在教学活动中，要注重方法，多表扬和激励，尽力施行快乐学习法，用快乐诱导加重复养成乐学习惯，让学生在快乐教育的阳光下茁壮成长。对于喜动、好玩、天真活泼的幼儿和小学低年级儿童，要尽量采用“游戏学习法”来培养孩子们的学习兴趣；对高年级学生来说，则要广泛采用“兴趣学习法”，因材施教，充分发挥每个学生的天赋特长，培养他们特有的才干。教学活动要以课堂为主阵地、生活为大课堂，创造条件开展兴趣教学，通过以情乐学、以趣乐学、以创乐学、以美乐学，在教学中给学生更多成功的体验，培养他们的乐学精神，养成终身学习的习惯。

教育无定式，应因材施教，让学生各得其所。塑造学生健全的品格，培养学生坚强的信心，使其成长为优秀的人才，必须大力倡导让学生做自己喜欢的事，从学生的实际出发，充分考虑学生的个性特点和个体差异，使每个人的才能品行获得最佳的发展。教师要充分发挥专业教书育人的优势，以学生全面发展为中心，把教书和育人结合起来，从关注课堂知识传授，到关注学生的成才与发展，使教育和引导更贴近学生的成长需求。教师要运用科学、专业的方法去帮助学生认识自己，找到他们的天赋特长，把每个学生独一无二的一面充分地挖掘出来，教会学生运用自身无穷的潜力塑造出健全的人格和独特的专长，为学生以后的发展奠定良好基础。

达尔文说：最有价值的知识是关于方法的知识。践行不教之教，将开发文化宝库的钥匙交给学生，引导他们在里面一生不知疲倦地采撷知识的珍宝，满载快乐人生的果实，是教育的理想境界。以填鸭式的教学方法学到的知识并无多大用处。因为不会灵活运用知识的人，即使有过目不忘的能力，也只是有了一种计算机的贮存功能。真正有用的学问是科学的思考方法和解决实际问题的能力。传授学生知识只是教师的基本职责，教学生学会自我教育才是授人之渔的智慧行为。教导学生自主学习，使学习更多地成为学生思考问题、发现问题、解决问题的过程，努力使学生从学会走向会学，对培养学生敢于思想、善于思想，养成爱思考善总结的习惯，学会归纳和演绎，做到举一反三、触类旁通，培养学生的创新思维和创新能力，具有深远的意义。

思考是智慧之母。思考力是人的核心竞争力。学生所受教育的好坏，取决于他对思考的有效运用程度。目前流行的题海战术虽是高分的利器，却是创新的死敌。没完没了的作业和密集的考试让学生演练大量的习题，确实可以提高考试成绩。但是，这样的教学方法没有给学生留下足够的思考时间和空间、让学生去融会贯通各种知识，最终形成僵化的思维定式，毫不留情地扼杀了孩子的创造能力。最可怕的是，应试教学让学生难以找到成功的感觉，深深地伤害了学生乐学的天性，使他们从此厌恶学习。这是应试教育的切肤之痛，必须坚决改正。教给学生学习方法和生活技能，学会统筹安排，留下足够的时间思考问题、复习功课和发展爱好，教育效果将更妙。

创新是发展之道，是社会进步的动力。培养学生的创新能力是教师最高超的本领。教育是知识传播、应用和创新的主战场，也是培育创新精神和创新人才的摇篮。教师不但要自己勇于创新，敢于走前人没有走过的道路，而且要把这一优秀的品格传授给学生，开发培养学生的创造能力，鼓励他们勇于尝试新方法，让学生“想创新、敢创新、爱创新”。兴趣是创新的源泉，爱好是创新的营养，特长是创新的翅膀。教师要培养创新型人才，必须注重挖掘每个学生的天赋特长和爱好，这就像种花木一样，要认识花木的特点，区别不同情况给以施肥、浇水和培育，才有百花争艳的春天。因此，要把学生从传统的规范教育中解放出来，鼓励学生广学博览，开展特长教育，充分发展学生的爱好，培养小发明家，让每个学生充分体验到钻研的乐趣，提高创新意识，增强创新能力，我们的创新社会才能真正建立起来。

三、“己教”求贤达

贤达是自我教育的目标，也是人生不断前进的动力。

追求快乐、幸福和有为是一个人进行自我教育的原动力，追求自我价值和爱的实现同时是社会人的内在要求。自尊、乐观、进取、德行在自我教育中产生强大的精神力量，不仅给予我们物质回报，同时给予我们完美的精神生活。人的一生，学校和家庭教育只是一个阶段，且要通过内化丁心才能产生作用，但是自我教育是终生教育，因此是人生最重要的教育。坚持终生实践大学习，挖掘智慧宝藏，不懈地发展自己，是人生最大的财富。无数的事实证明，一个人能否成才，并非取决于文凭的高低，关键在于善于自我教育。坚持向圣贤看齐，日三省己心，随时随地向好人好事学习，大多数人都能成为贤达人士，享受生命的至乐。

但丁说：走你的路，让别人去说罢！人生要贤达，必须不受世俗偏好和外在世界的束缚，坚持做最好的自己。很多人苦苦追求功名利禄，无视自己的特质和内心的真爱，即使最终得到地位、金钱和荣誉，也得不偿失。事实上，功名利禄是包了糖衣的苦药，对它的追逐铁定不能给大多数人带去幸福。一个人如果牺牲本性，在世俗的外套中装一个痛苦的灵魂，缺少快乐力量支撑也很难取得事业成功，因为很少有人会在痛苦的事情中全力以赴。不尊崇内心爱好的事业十有八九将半途而废，以失败告终。相反，坚持做自己，求真务本，在人生贪、嗔、怨的苦海中经过刻苦的修炼，在真、善、美的世界里经过认真的探索，绝大多数人都能找到人生的幸福。遗传学理论告诉我们，在这个世界上，每个人都是独一无二的，因此人人都可以在某个方面取得出类拔萃的成绩。我们就算不能做屹立山巅的青松，也可以做一株空谷幽兰。尊崇天赋特长和内心的爱好，把自己最好的一点充分展示出来，坚持快乐奋斗，就能直达人生快乐有为的理想境界。这样做，不仅自己是快乐的，于社会也是有益的，是人生贤达的基本途径。

人不能成为自己的主人，就将成为世俗的奴隶。在世俗五光十色诱惑的洪流中坚持做自己，不仅需要坚强的意志力，还必须有大智慧，做到外圆内方，方圆有度。方是根，是真，是大道，是成就贤达人之本；圆是叶，是美，是和谐，是成功的利器。为人不方，难成大器；做事不圆，处处受制。外圆内方，才能通达人生，得到幸福。

人生有大目标，方有大快乐。给自己明确的人生贤达目标，在灵魂深处树立一面旗帜，把自己拥有的一切资源和能力向目标集中，才能产生无坚不摧的力量。确立人生目标，一定要把个性中与众不同的东西放在目标的最高峰，显出自己鲜明的特点，人生才能快乐成功。坚信我是人间最大的奇迹之一，不是偶然来到尘世的一个匆匆过客，在世间走一遭，不单为了自己幸福，还要为人间留下不朽的业绩。从现在起，我们要坚持快乐奋斗，高扬起生命之舟快乐的风帆、欢快地驶向成功的彼岸。当我们坚持做自己，在宁静祥和的大道上快乐前行的时候，智慧女神和我们相伴，大力神和我们同行，快乐的神奇力量激励我们忘我工作，成功之花就在汗水中悄悄孕育，在每天小小成功的乐趣中慢慢长大，天长日久，自然摘到快乐人生成功的甜果。

快乐工作成就高绩效，要经常提醒自己喜爱工作、享受工作的乐趣。人生如果视工作为苦役，找不到工作的乐趣，就进入了地狱；如果享受工作，把工作作为实现人生价值的舞台，工作就成了天堂。在工作中要牢记快乐工作的秘密法宝并忠诚地实践：用成千上万次小小成功的快乐汇聚成一流工作业绩的欢乐海洋。坚持快乐工作，在工作中加强学习，精研业务，愉快地做好每件小事，每天进一步，养成成功的习惯，天长日久，自然成为技能高超的达人。

追求高级快乐，奉献爱心，做一个德才双馨的贤者，必须努力修养美德。在社会的大染缸中洁身自好，甚至像莲花出淤泥而不染，才是美德完备的表现。善于学习社会上的好人好事，为君子学，不为小人惑，培养道德和品质，就行走在快乐人生的大道上。一个德行完备的人自然产生善行，他可能贫穷，却能够在贫乏的物质生活中过简朴祥和的快乐生活，感受大自然赋予生命的富有；而一个逐利的小人，可能富有，却很可能在内心的惶惶不安中难以享受生活的欢乐！爱是道德的核心！让我们的道德核心健康、纯洁、强大无比！做一个富有爱心的人，爱天、爱地、爱人类，把心灵深处最美好的东西奉献出来，努力成为一个贤明人士。

见贤思齐，人生才能贤明。高尔基说：反省是一面莹澈的镜子，它可以照见心灵上的污渍。经常进行自我反省，高扬起激励自己的鞭子，经常鞭策自警，持续去除私心私欲，才能不断进步。子路说：楚兰生于深林，不以无人而不芳；君子修道立德，不以穷困而变节。一个严于律己的人在独处幽居和面临贫困时也不放纵自己，尊崇内心的德性，过自然节俭的生活，努力追求真善美，为了人类的幸福奉献出自己的力量，并由此享受到高尚、无私的欢乐，这是一个贤人矢志不移的人生目标。我们还要知道，真善美的成长，需要强大的理性和节制，但是自然人利己的天性并没有给人留下空闲时间来清净修为，因此我们要挤时间把私心和贪欲赶走。一个人不要怕先天条件不好，只要坚持行走大道，用一颗仁爱乐观之心，正直友善地行动，努力追求人类的幸福，就能逐渐使自己德行圆满。

征服人性的弱点，是人生贤达的开端；坚持自我教育，是克服人性弱点一生的征战。受人尊重的渴望和坚决的信心，能使平凡的人们，焕发出无穷无尽的力量，做出惊人的事业。我们所处的这个时代，不但要求一个人具备广博精深的知识，发展才干，而且要有纯洁的道德和丰富的精神，这需要终生学习。一个人只有坚持不懈地自我教育，才能最终领悟到教育的真谛，享受教育的快乐，成就人生的大智慧。事实上，一个善于自我教育的人，在事业成功方面往往能超过受到专门教育的人。这是因为他们知道自己前进的方向，坚持用伟人的眼光来看待社会和自己，善于在工作和生活中学习，坚持终生快乐学习、快乐奋斗与和谐生活，因此更容易获得人生的成功。

大道无私，故成就大私，让生命具有永恒的意义。小人利己，常得小便宜；达人利众，乐享和谐生活；贤者利他，为天下苍生谋福，在生活中无忧无惧，在事业上勇往直前，最终赢得万人尊崇。